Spranger · Verantwortung für die Eine Welt

Carl-Dieter Spranger

Verantwortung für die Eine Welt

Deutsche Entwicklungszusammenarbeit

Ullstein

Koordination: Wolfhard Behrens

Einbandgestaltung: Marianne Specht, München
Gesamtherstellung: Jos. C. Huber KG, Dießen
ISBN: 3-550-07070-5

Gedruckt auf chlorfrei gebleichtem Papier

Die Deutsche Bibliothek – CIP-Einheitsaufnahme

Spranger, Carl-Dieter
Verantwortung für die Eine Welt
Deutsche Entwicklungszusammenarbeit
Berlin, Frankfurt/Main, 1994
ISBN 3-550-07070-5

Die Zitate am Anfang der Kapitel sind dem Buch
„Das Recht, ein Mensch zu sein:
Leseproben aus aller Welt
zum Thema Freiheit und Menschenrechte"
entnommen, das von Jeanne Hersch
im Auftrag der UNESCO herausgegeben wurde.

INHALT

Vorbemerkung

Die weltpolitischen Umwälzungen der letzten Jahre stellen die Entwicklungspolitik vor neue Herausforderungen und eröffnen ihr ebenso neue Möglichkeiten. Nach dem Zusammenbruch des Kommunismus befinden sich auch viele Entwicklungsländer auf der Suche nach einem erfolgversprechenden marktwirtschaftlich orientierten Weg. Das birgt die Chance für eine neue Qualität partnerschaftlicher, gleichberechtigter und von gegenseitiger Achtung getragener Zusammenarbeit mit den Entwicklungsländern. Ihre Bereitschaft, ideologisch geprägte Ansätze aufzugeben und die für einen nachhaltigen Entwicklungsprozeß notwendigen Rahmenbedingungen zu schaffen, eröffnet neue Möglichkeiten, bei der Überwindung von Armut, Umweltzerstörung, Bevölkerungsexplosion, Drogenhandel, kriegerischen Auseinandersetzungen und Epidemien Fortschritte zu erzielen, die Schuldenlast zurückzuführen und die Flüchtlings- und Wanderungsbewegungen einzudämmen.

Das vorliegende Buch soll dem Leser einen Einblick in die globale Dimension der Entwicklungsproblematik ermöglichen, der Entwicklungs- und Industrieländer gleichermaßen gegenüberstehen. Die Lebenssituation der Menschen in den Entwicklungsländern berührt uns alle. Denn scheinbar lokal begrenzte Konflikte an weit entfernten Stellen des Erdballs, häufig Ausdruck und Ergebnis sozialer Spannungen, können sich sehr schnell zu einer Gefahr für uns alle ausweiten. Flüchtlingsbewegungen und Armutswanderungen bergen Risikofaktoren, denen sich auch die Industrieländer nicht entziehen können. Armutsbedingter Raubbau an den natürlichen Ressourcen führt zu einer Bedrohung der Umwelt, die die Menschen rund um den ganzen Globus betrifft. Frieden, Freiheit und Stabilität der ganzen Welt hängen davon ab, wie erfolgreich wir zusammen mit den Entwicklungsländern die Lebensverhältnisse ihrer Menschen verbessern können.

An Hand zahlreicher Projekt-Beispiele erhält der Leser Einblicke in die entwicklungspolitische Arbeit. Er erfährt, wo die Bundesregierung Schwerpunkte setzt, um den Teufelskreis aus Armut, Bevölkerungsexplosion und Umweltzerstörung zu durchbrechen und die Entwicklungsländer dabei zu unterstützen, eine nachhaltige, Umwelt und Ressourcen schonende Entwicklung in Gang zu bringen. Eine erfolgreiche Entwicklungspolitik ist letztlich eine Frage des Überlebens der ganzen Menschheit, und nur eine weltweite Entwicklungs- und Verantwortungsgemeinschaft wird in der Lage sein, diese Herausforderungen auch zu bewältigen.

Unteilbare Welt

- 1,2 Milliarden Menschen auf unserer Erde leben in absoluter Armut
- 180 Millionen Kinder sind unterernährt, und täglich sterben fast 40 000 Kinder an Mangelerscheinungen
- 1,5 Milliarden Menschen haben eine völlig unzulängliche Gesundheitsversorgung und kein sauberes Trinkwasser

Diese Zahlen bedeuten menschliche Schicksale. Hinter ihnen verbergen sich familiäre Tragödien, Elend und Not von Mitmenschen, die uns nicht gleichgültig sein dürfen. Wir leben mit ihnen in einer Welt, und es ist daher eine ethische Aufgabe von herausragender Bedeutung, für eine würdige Zukunft aller Menschen auf dieser Erde zu sorgen. Deutschland hat als eines der wohlhabendsten Länder der Welt die humanitäre und moralische Verpflichtung, sein Gewicht für ein verstärktes Engagement zugunsten der Entwicklungsländer zu nutzen – sowohl in seiner zwischenstaatlichen Entwicklungszusammenarbeit wie auch in den multilateralen Institutionen. Bei allen Schwierigkeiten und Belastungen, die die Integration der neuen Bundesländer und die Beseitigung der Erblast des Kommunismus unserem Land auferlegt, darf unser Blick nicht an den deutschen Grenzen enden.

Deutschland trägt eine gewachsene Verantwortung in der Welt. Wir können uns nicht auf Wohlstandsinseln zurückziehen, denn das Schicksal der Industrieländer ist eng mit dem der unterentwickelten Regionen unserer Erde verwoben. Politisch, wirtschaftlich, ökologisch und gesellschaftlich sind wir enger denn je mit der Zukunft der Entwicklungsländer verbunden. Die globalen Risiken machen nicht an unseren Grenzen halt. Sie führen uns drastisch vor Augen, daß die Industrieländer langfristig nicht überleben können, wenn die Entwicklungsländer verelenden.

Die Verantwortung für den Schutz der natürlichen Lebensgrundlagen und das Anliegen, Konflikte, die aus Entwicklungsrückständen resultieren, zu vermeiden, stellen Industrie- und Entwicklungsländer heute bereits in eine Sicherheits- und Verantwortungsgemeinschaft. Wir haben eine gemeinsame, untrennbar verbundene Zukunft. Eine sozial gerechte und damit friedliche Entwicklung ist auch für uns in den Industrieländern eine Frage des wohlverstandenen Eigeninteresses.

Es ist daher nicht nur ein Gebot christlicher Nächstenliebe, die Menschen in den Entwicklungsländern zu unterstützen, sondern ihr Wohlergehen liegt auch in unserem eigenen Interesse. „Wir haben ein elementares Interesse daran, daß das schreiende Mißverhältnis zwischen unserem Wohlstand und deren Armut beseitigt oder doch abgebaut wird, daß es sich zum allermindesten nicht verschlimmert, weil es die höchste Gefahr für die politische, soziale und ökonomische Ordnung der Welt und damit auch für unsere eigene birgt", schrieb der Sozialwissenschaftler Oswald von Nell-Breuning über die soziale Verantwortung gegenüber den Entwicklungsländern. Auch der Human-Development-Report 1993 des Entwicklungsprogramms der Vereinten Nationen (UNDP) sieht die reale Bedrohung der kommenden Jahre darin, „daß die globale Armut zu wandern beginnen wird, ohne Paß und in vielen unangenehmen Formen: Drogen, Krankheiten, Terrorismus, Migration. Armut irgendwo wird eine Bedrohung für Reichtum überall sein."

Die Dreiteilung der Welt, an die wir uns seit Beginn der Entkolonisierung Ende der fünfziger Jahre gewöhnt hatten, hat ihren Sinn heute verloren. Wir leben in der „Einen Welt", und diese ist unteilbar. Der Zusammenbruch des kommunistischen Herrschaftssystems bedeutete zugleich das Ende der bipolaren Weltordnung. Mit der Auflösung des Sowjetsystems hörte die sogenannte „Zweite Welt" als politischer Block auf zu existieren. Sie fiel auseinander in eine Vielfalt von Staaten, deren Entwicklungsniveau so unterschiedlich ist wie nur denkbar. Arme und rückständige Entwicklungsländer in Zentralasien kontrastieren mit industriell hochentwickelten Ländern wie zum Beispiel der Tschechischen Republik.

Zudem zeigt sich immer deutlicher, daß die „Dritte Welt" nicht jenen homogenen Block darstellt, wie man in der Vergangenheit zuweilen anzunehmen geneigt war. Im Fernen Osten und auf dem südamerikanischen Kontinent haben sich neue Wachstumspole gebildet. Die vier asiatischen „Tiger" Taiwan, Singapur, Hongkong und Südkorea haben zum Teil bereits das Entwicklungsniveau der Industriestaaten erreicht. Länder wie Thailand oder Malaysia haben mit den Staaten Subsahara-Afrikas inzwischen weniger gemein als mit Japan oder den Ländern der Europäischen Union. Andererseits drohen in Teilen Asiens und Afrikas ganze Regionen im Elend zu versinken.

Daß der Begriff „Dritte Welt" mehr verschleiert als erhellt, machen auch die Analysen des Internationalen Währungsfonds (IWF) deutlich, wonach die kräftigen Wachstumsimpulse in der derzeitigen Wirtschaftskrise aus Entwicklungsländern kommen. Das durchschnittliche Wachstum der Entwicklungsländer betrug 1993 etwa 6,1 Prozent, während es in den Ländern der Europäischen Gemeinschaft um rund 0,2 Prozent zurückging. Zugleich entwickelten sich die Weltregionen in zunehmendem Maße auseinander. Während in Afrika die volkswirtschaftliche Leistung nur um 1,6 Prozent stieg, sind es in Ostasien 8,7 Prozent.

Dies zeigt: Immer weniger läßt sich unsere Welt mit den Kategorien Ost und West, Nord und Süd erfassen. Ost und West sind wieder Himmelsrichtungen geworden, wie die Außenminister des Nordatlantischen Bündnisses im Sommer 1990 in London konstatierten. Daß auch Nord und Süd nur Himmelsrichtungen bezeichnen und das Ende der Nachkriegszeit in Europa nicht den Beginn neuer

Spannungen zwischen Industrie- und Entwicklungsländern markiert, ist die große Herausforderung, vor der wir stehen.

Der Golfkrieg verdeutlichte die Gefahr, daß sich Konflikte zwischen Entwicklungsländern zu weltweiten Konfrontationen ausweiten könnten. Kenntnisreiche Beobachter sahen in ihm den Auftakt zu einem verschärften, militärisch aufgeladenen Konflikt zwischen Industrie- und Entwicklungsländern.

Wenn wir unsere Welt für morgen sicherer machen wollen, dürfen wir in keinem Erdteil und keinem Einzelfall mit unseren Anstrengungen nachlassen. Nicht mehr Prometheus, dessen Entfesselung dem Menschen bereits zum Unheil zu werden droht, darf das Leitbild unserer Zeit sein, sondern Atlas. Er trägt die Welt auf seinen Schultern, wie jeder von uns Verantwortung für diese eine Welt trägt.

Entwicklungszusammenarbeit nach dem Zusammenbruch des Kommunismus

Nur auf den Menschen kommt es an; ich wende mich an das Gold, und es antwortet nicht, ich wende mich an an den Stoff, und er antwortet nicht, nur der Mensch zählt.

Akan-Sprichwort aus Ghana

Das ideologische und praktische Scheitern des Marxismus bezeichnet eine historische Zeitenwende, deren Auswirkungen weit über die Grenzen unseres Kontinents hinausgehen und deren Konsequenzen heute noch unabsehbar sind. Das Ende des kommunistischen Imperialismus hat die Welt allerdings nicht sicher gemacht. Der erhoffte Zugewinn an Sicherheit, den das Ende der nuklearen Bedrohung zunächst zu verheißen schien, entpuppte sich angesichts der Gefahr einer unkontrollierbaren Verbreitung von Atomwaffen sowie in Folge des Wiederaufbrechens seit langem unterdrückter Verteilungs-, Religions- und Volksgruppenkonflikte vor allem im ehemals kommunistischen Machtbereich als trügerisch. Wir erleben im Gegenteil einen Schwund an überkommenen Sicherheiten.

Gesellschaftspolitische Strukturen und die internationale Ordnung, die durch den Gegensatz der kommunistischen Diktaturen zur freien Welt bestimmt schien, offenbaren heute ihre Labilität. Die Aufsplitterung überkommener politischer Herrschaftsverhältnisse wurde zu einem Kennzeichen der Gegenwart. In verschiedenen Regionen, wo der Rückzug der Supermächte ein machtpolitisches Vakuum eröffnet hat, treten heute neue und konkurrierende Herrschaftsansprüche in Erscheinung.

Bei der Errichtung einer neuen umfassenden Friedensordnung nach Beendigung des „Kalten Krieges" kommt der Entwicklungspolitik eine wesentliche Rolle zu. Sie muß die ehemals diktatorisch geführten Länder nicht nur bei der Bewältigung ihrer menschlichen, ökonomischen, ökologischen und sozialen Zerstörungen unterstützen, die die Erblast jahrzehntelanger kommunistischer Herrschaft darstellen, sondern in ihrer Zusammenarbeit auch für eine Verbreitung der demokratischen Kultur und eine Stärkung demokratischer Werte sorgen. Das gigantische Vernichtungswerk des Kommunismus erfordert eine klare Absage an alle sozialistischen Experimente. Der ideologische Kollaps des Kommunismus in Osteuropa und in der Sowjetunion offenbart auch das totale Versagen der ehemals sogar von Teilen des Westens als Leitbild und sozialistische Alternative angesehenen kommunistischen Regime in einigen Entwicklungsländern.

So etwa hat der Abbau des wirtschaftlichen und finanziellen Engagements der ehemaligen Sowjetunion in Kuba das wirtschaftliche Überleben des

Landes infrage gestellt. Die „Sozialistische Republik der Arbeiter und Bauern und aller anderen Werktätigen", die sich nur durch Milliardenhilfe Moskaus am Leben halten konnte, steht vor dem wirtschaftlichen Zusammenbruch. Eine durch revolutionäre Willkür gekennzeichnete Wirtschaftspolitik hat das Land völlig heruntergewirtschaftet.

Ähnliches trifft auf den afrikanischen Staat Tansania zu. Der von Julius Nyerere kreierte Ujamaa-Sozialismus zeigte trotz erheblicher Unterstützung von seiten des Westens niemals die gewünschten Erfolge. Ujamaa ist ein Swahili-Begriff und bedeutet Dorf oder Familie. Nyerere propagierte damit eine Fortführung der traditionellen Dorfdemokratie. Hauptelemente des Ujamaa-Sozialismus waren die staatliche Kontrolle über die Wirtschaft, die regionale Selbstverwaltung aller Versorgungseinrichtungen sowie der Verzicht auf Kapitalbesitz und Grundeigentum. Die Verwirklichung des Ujamaa-Sozialismus stand unter der Parole „Zurück zum Land" und hatte den Ausbau der Landwirtschaft zum Ziel. Tatsächlich aber brachte das Ujamaa-Projekt die landwirtschaftliche Produktion zum Erliegen. Tansania, das nach dem Zweiten Weltkrieg zu den afrikanischen Überschußgebieten für Grundnahrungsmitteln gehörte, mußte 1985, dem Jahr des Rücktritts von Nyerere, in die Kategorie der ärmsten Nationen Afrikas eingeordnet werden.

Beispiele wie diese belegen das weltweite Versagen sozialistischer Experimente. Auch die Entwicklungspolitik mußte aus den negativen Erfahrungen dieser Entwicklungsversuche lernen. Entwicklung kann nicht durch die simple Übertragung von Industrieländermodellen nach Afrika, Asien oder Lateinamerika bewerkstelligt werden. Wir haben uns daher um die Formulierung von Kriterien bemüht, die insbesondere die sozio-kulturellen Rahmenbedingungen der einzelnen Entwicklungsgesellschaften berücksichtigen. Der sozio-kulturelle Ansatz des Bundesministeriums für wirtschaftliche Zusammenarbeit und Entwicklung geht von Schlüsselfaktoren aus, die eine Erfassung aller denkbaren entwicklungsbezogenen Kulturelemente ermöglichen und sie für die Planung unserer Maßnahmen erschließen. Zusammen mit den für die einzelnen Entwicklungsländer erstellten Kurzanalysen kann so die Planung entwicklungspolitischer Maßnahmen auch sozio-kulturell abgesichert werden.

Die weltpolitischen Umwälzungen haben der Entwicklungspolitik neue Perspektiven eröffnet

Die Aggression des kommunistischen Machtblocks gegen die freie Welt hatte nicht allein das Verhältnis zwischen den Mitgliedsstaaten der NATO und des Warschauer Pakts über Jahrzehnte hinweg geprägt. Sie hatte auch die „Dritte Welt" in ihren Bann gezogen und deren Entwicklung beeinträchtigt. Heute, nach dem Bankrott der Sowjetunion fehlen die Voraussetzungen für Stellvertreterkriege. Die Entwicklungsländer können nicht mehr im internationalen Klassenkampf mißbraucht werden. Andererseits ist auch die Zeit vorüber, in der Entwicklungspolitik eingesetzt werden mußte, um den Kommunismus einzudämmen. Kein Entwicklungsland kann mehr Ost und West gegeneinander ausspielen, sich einmal von dieser und einmal von jener Seite subventionieren lassen und auf diese Weise glaubwürdige eigene Anstrengungen vernachlässigen. Damit haben sich der Entwicklungspolitik neue Chancen aufgetan.

„Früher konnten wir, wenn die eine Seite uns Befehle gab, ins andere Lager fliehen", gestand der tansanische Präsident Mwinyi 1992 unumwunden ein. Sozialistische Entwicklungsideologien gehören heute der Vergangenheit an. Der politische Umbruch hat auch den Entwicklungsländern neue Impulse gegeben. Weltweit nimmt man von zentralistischen planwirtschaftlichen Strukturen Abschied und eröffnet dem Entwicklungsprozeß durch marktwirtschaftliche und demokratische Reformen neue, tragfähige Wege.

Demokratie und Marktwirtschaft sind das beste Fundament für eine nachhaltige Entwicklung

Zahlreiche Länder in Asien aber auch in Afrika haben teilweise unter großen Opfern bereits vor den Staaten Ost- und Mitteleuropas damit begonnen, die schwierigen, aber notwendigen politischen und wirtschaftlichen Reformprogramme durchzuführen. Schon vor den Reformbestrebungen im ehemaligen Ostblock wurde in einer Untersuchung des Münchner Instituts für Wirtschaftsforschung (ifo) empirisch belegt, daß „mehr Markt" auch in den Entwicklungsländern für alle Bevölkerungsschichten zu besseren wirtschaftlichen und sozialen Ergebnissen führt. In den Entwicklungsländern wächst der Konsens darüber, daß nicht das Diktat des Plans, sondern eine soziale Marktwirtschaft der beste Ansatz sowohl für die Entwicklung der Wirtschaft als auch für die Entwicklung demokratischer Strukturen ist.

Freiheit, Demokratie und eine Wirtschaftsordnung, die sich am Markt orientiert und die Privatinitiative in den Vordergrund stellt, haben sich allen anderen Modellen und Alternativen als überlegen erwiesen. Eine marktwirtschaftlich ausgerichtete Ordnung mit sozialer und ökologischer Verantwortungsbereitschaft schafft die Freiheit, die der einzelne und die Gemeinschaft brauchen, um sich zu entfalten und eine sozialverträgliche Gesellschaftsordnung zu gestalten. Sie stellt daher auch in den Entwicklungsländern das geeignete Fundament für eine nachhaltige Entwicklung dar.

Damit hat das Ende der Ost-West-Konfrontation die Möglichkeit eröffnet, die internationale Entwicklungszusammenarbeit auf eine neue Grundlage zu stellen. Heute besteht die Chance zu einer konsequenten und langfristig angelegten Entwicklungspolitik, in der die gedankliche Trennung von Geber- und Nehmerländern zugunsten des Gedankens der Partnerschaft überwunden wird. Partnerschaftliche Zusammenarbeit bedeutet, daß beide Seiten zu ihren Pflichten stehen und ihre Verantwortung wahrnehmen. Beide Seiten müssen ein Höchstmaß an Ideen, Phantasie, Initiative, Energie und Verständnis aufbringen, um die Probleme zu lösen.

Hilfe zur Selbsthilfe ruft die Menschen zu Verantwortung und aktivem Handeln auf

Entwicklungszusammenarbeit ist keine Weltsozialhilfe. Es geht nicht darum, aus einem vordergründigen Gefühl von Schuld heraus Armut und Elend in der Welt mit finanziellen Zuwendungen zu überdecken. Die wirtschaftlichen und gesellschaftlichen Probleme unserer Zeit können nicht gelöst werden, indem wir das Vorhandene noch weiter verteilen. Nicht nur die finanziellen Mittel sind zu steigern, sondern es müssen vor allem die Bedingungen für mehr Wirksamkeit der Zusammenarbeit verbessert werden. Nicht die flächendeckende Übernahme von Sozialaufgaben kann Sinn der Entwicklungszusammenarbeit sein. Ihre Aufgabe liegt vielmehr in der Unterstützung modellhafter Lösungsansätze, die danach auch ohne ausländische Hilfe an vielen Stellen im Lande übernommen werden können.

Verantwortungsbewußte Entwicklungspolitik muß stets dem Subsidiaritätsprinzip folgen und zum eigenen Handeln befreien. Subsidiarität in der Entwicklungszusammenarbeit heißt vor allen Dingen, daß vor staatlicher Hilfe zuallererst die Selbsthilfekräfte entwickelt und eingesetzt werden müssen. Dieses Prinzip gilt im übrigen nicht nur für Entwicklungsländer, sondern auch in entwickelten Ländern. Darauf kann nicht genug hingewiesen werden. Entwicklungszusammenarbeit darf weder ein finanzielles Vehikel zur Durchsetzung außenpolitischer Machtinteressen oder egoistischer Herrschaftsansprüche sein, noch darf sie neue Abhängigkeiten schaffen. Hilfe kann daher immer nur Hilfe zur Selbsthilfe sein. Ein solches entwicklungspolitisches Konzept setzt Eigenanstrengungen der Entwicklungsländer und deren Bevölkerung voraus. Diese tragen in erster Linie selbst die Verantwortung für ihre eigene Zukunft und ihre Entwicklung. Die Entwicklungsländer müssen eine rechtsstaatliche Ordnung schaffen, die den Frieden im Inneren sichert und den Staatsbürgern Freiheit, Entfaltungsmöglichkeiten und Mitsprache gewährt; denn Entwicklungsprozesse sind nur nachhaltig, wenn sie von der Mehrheit getragen werden und die Menschen selbst aktiv an ihnen beteiligt sind.

Wirksame Entwicklungspolitik muß den Menschen in den Mittelpunkt stellen

Die deutsche Entwicklungspolitik stellt daher den Menschen und seine konkreten Lebensumstände in den Mittelpunkt. Unsere Unterstützung muß dazu dienen, die vorhandenen schöpferischen Kräfte der Menschen in den Entwicklungsländern zu wecken und zu fördern. Bei allen Maßnahmen ist unser Leitgedanke, durch Investitionen in den Menschen das privatwirtschaftliche Potential der Entwicklungsländer zu stärken und zur Entfaltung zu bringen. Damit wird eine Entwicklung eingeleitet, die Bestand hat. Eine Entwicklung, die auch die Optionen künftiger Generationen schützt. „Menschliche Entwicklung ist die Entwicklung der Menschen für die Menschen durch die Menschen", definiert der Human-Development-Report 1993. „Entwicklung der Menschen bedeutet, in die menschlichen Fähigkeiten zu investieren, also in ihre Bildung, in ihre Gesundheit oder in ihre technischen Fähigkeiten, damit sie produktiv und kreativ arbeiten können. Entwicklung für die Menschen bedeutet, zu gewährleisten, daß das wirtschaftliche Wachstum, das sie erzeugen, breit und gerecht verteilt wird." In diesem Sinne muß auch der Begriff der Sicherheit weiter gefaßt werden: nicht mehr nur als Sicherheit staatlicher Ordnungen, sondern als Sicherheit für die Menschen, als Sicherung von Leben, Eigentum, Nahrung, Arbeit und Umwelt, als Absicherung der Lebensbedingungen unserer und der nachfolgenden Generationen.

Was Entwicklungspolitik leisten muß

Wenn du einem Menschen einen Fisch gibst, wird er sich einmal ernähren. Wenn du ihn fischen lehrst, wird er sich sein Leben lang ernähren.

Kuan-tzu
7. Jh. v. Chr.
China

Vorrangiges Ziel der Entwicklungspolitik ist es, die Lebensbedingungen der Bevölkerung langfristig und nachhaltig zu verbessern. Das auf der Welternährungskonferenz von 1975 gesetzte Ziel, Hunger und Unterernährung weltweit zu beseitigen, wurde trotz des Anstiegs der Agrarproduktion bisher nicht erreicht. Zwar werden heute etwa 1,1 Milliarden Menschen mehr ernährt als Anfang der siebziger Jahre, doch leiden nach wie vor fast eine Milliarde Menschen unter schwerwiegender Unter- oder Fehlernährung.

In vielen Entwicklungsländern ist chronische Unterernährung auch heute noch das eigentliche lebensbedrohende und entwicklungshemmende Problem. „Wer Hunger hat, wird leichter krank, hat eine geringere Lebenserwartung, kann weniger und weniger lange arbeiten und bleibt somit in der Armut, die es ihm oder ihr nicht ermöglicht, quantitativ und qualitativ ausreichend zu essen“, beschreibt der Entwicklungssoziologe Klaus M. Leisinger die Folgen chronischer Mangelernährung.

Die größte Zahl von unterernährten Menschen lebt nach wie vor in Asien, dem bevölkerungsreichsten Kontinent, doch wird Afrika als Folge seines rapiden Bevölkerungszuwachses bis zum Ende der neunziger Jahre Asien in dieser Hinsicht überrundet haben. Während Asien und auch Lateinamerika in den achtziger Jahren bedeutende Entwicklungsfortschritte verzeichnen konnten, blieben die Entwicklungsergebnisse Subsahara-Afrikas in derselben Zeitspanne deutlich hinter den Erfolgen anderer Entwicklungsregionen zurück. Über die Hälfte der Bevölkerung lebt in Armut. Die Säuglingssterblichkeit ist 15 Prozent höher als im südlichen Asien, die Lebenserwartung fällt mit 51 Jahren sieben Jahre geringer aus als in Asien, und das tägliche Kalorienangebot stellt das geringste in der ganzen Welt dar.

Auch überdurchschnittlich gute Ernten in den letzten Jahren, lokale und regionale Getreideüberschüsse in einigen afrikanischen Ländern konnten den langfristigen Trend einer sinkenden Nahrungsmittelversorgung pro Kopf nicht umkehren. Die „Jahrhundertdürre" verstärkte 1992 den Trend sogar noch. Immer stärker ist Afrika durch Umweltschäden bedroht, die auf den Bevölkerungsdruck zurückgehen und weite Teile Afrikas im nächsten Jahrhundert für die landwirtschaftliche Produktion unbrauchbar zu machen drohen. Afrika ist die einzige Region der Welt, in der allen Voraussagen zufolge die absolute Armut in den nächsten zehn bis 15 Jahren trotz enormer Anstrengungen kaum vermindert werden kann.

Nahrungsmittelhilfen sichern Überleben – nicht mehr

Die Überwindung akuter Not- und Katastrophenlagen erfordert immer wieder den Einsatz von Nahrungsmittelhilfen. Die Gesamtaufwendungen der Bundesrepublik Deutschland für Nahrungsmittelhilfe und Ernährungssicherungsmaßnahmen beliefen sich im Jahre 1992 auf 294 Millionen D-Mark, 1993 wurden 216 Millionen D-Mark für Nahrungsmittelhilfe und Ernährungssicherung aufgewendet. 1994 dürfte das Ergebnis dieselbe Größenordnung erreichen. Aufgrund der anhaltend angespannten Ernährungslage in den Ländern am Horn von Afrika, fortbestehender großer Flüchtlingsansammlungen in Pakistan, Angola, Malawi, Mosambik sowie der durch Naturkatastrophen bedingten Hilfsmaßnahmen hatten etwa zwei Drittel der bilateralen Nahrungsmittelhilfe den Charakter von Not- und Flüchtlingshilfe.

Um Ernährungsdefizite auszugleichen, sind Getreidelieferungen ein erster und wichtiger Schritt. Die allgemeine Situation in den Entwicklungsländern nachhaltig zu verbessern, ist jedoch im Rahmen solcher „Feuerwehreinsätze" nicht möglich, denn humanitäre Maßnahmen allein können auf

Dauer nicht helfen. Vielmehr muß es darum gehen, die Ursachen von Hunger und Armut in den Entwicklungsländern zu beseitigen. Deshalb haben wir eine entwicklungspolitische Konzeption entwikkelt, die sich an den Erfordernissen der Entwicklungsländer orientiert.

Die Teufelskreise der Unterentwicklung müssen an mehreren Stellen gleichzeitig durchbrochen werden

Die Organisation für wirtschaftliche Zusammenarbeit und Entwicklung (OECD) zählt insgesamt 150 Staaten zu den Entwicklungsländern, davon 51 in Afrika, 43 in Asien, 33 in Lateinamerika, 15 in Ozeanien und acht in Europa. 47 dieser Länder wurden von den Vereinten Nationen als am wenigsten entwickelt eingestuft und als „Least Developed Countries (LDC)" bezeichnet. Diese Länder weisen ein jährliches Bruttoinlandsprodukt von weniger als 473 Dollar pro Kopf, einen Anteil des Industriesektors am Bruttoinlandsprodukt von unter zehn Prozent und einen Anteil der über 15-jährigen, die lesen und schreiben können, von weniger als zwanzig Prozent auf.

Als für ein Entwicklungsland typische Merkmale gelten:
- sehr niedriges Volkseinkommen
- außerordentlich ungleiche Einkommensverteilung

- Überwiegen landwirtschaftlicher Arbeitsplätze
- Arbeitsplatzmangel
- ungünstiges Verhältnis des Wertes von Ein- und Ausfuhren (Terms of Trade)
- starkes Bevölkerungswachstum
- Hunger und Unterernährung.

Unter Entwicklung ist damit ein Prozeß zu verstehen, der die Befriedigung der Grundbedürfnisse aller Menschen eines Landes anstrebt und mit wirtschaftlichem Wachstum auch die Verringerung sozialer Ungleichheiten verbindet. Entwicklung muß den Prinzipien der Nachhaltigkeit folgen und es ermöglichen, die Lebensbedingungen gegenwärtiger und künftiger Generationen zu verbessern. Auf keinen Fall bedeutet Entwicklung damit aber automatisch die Nachahmung westlicher Wirtschafts-, Industrialisierungs- und Gesellschaftsmodelle.

Auf der Suche nach den Ursachen der Unterentwicklung stoßen wir in den Entwicklungsländern – einmal abgesehen von politischen und gesellschaftlichen Strukturen – immer wieder auf einen Teufelskreis aus Armut, Bevölkerungsexplosion und Umweltzerstörung. Armut ist vielfach die Ursache hohen Bevölkerungswachstums, weil die Eltern sowohl als Arbeitskräfte wie zur Alterssicherung viele Kinder brauchen. Hohe Bevölkerungsdichte führt wiederum zu einer Übernutzung und damit Zerstörung der landwirtschaftlichen Nutzflächen. Das Anwachsen der Armut und des Hungers sind die unausbleiblichen Folgen, und der Teufelskreis beginnt sich zu drehen. Die einzelnen Ursachen der Unterentwicklung hängen nicht nur voneinander ab, sondern verschärfen einander noch gegenseitig. Unzureichende Gesundheitsvorsorge und Krankheit etwa sind weitere Ursachen von Armut. Sie verschlimmern zugleich die bestehende Armut, weil kranke Menschen nicht mehr in der Lage sind, für ihren Lebensunterhalt zu arbeiten.

Diese vielfachen Verknüpfungen der verschiedensten Manifestationen von Unterentwicklung machen es schwierig, einzelne Problembereiche herauszulösen. Es gilt, einen ganzheitlichen Ansatz zu finden, der den Teufelskreis an vielen Stellen gleichzeitig durchbricht. Die Bundesregierung hat deshalb in ihrer Entwicklungspolitik drei Schwerpunkte gesetzt:

- Armutsbekämpfung
- Umweltschutz
- Bildung

Indem sie ihre entwicklungspolitischen Anstrengungen auf diese drei Schlüsselbereiche konzentriert, soll eine Basis geschaffen werden, von der aus die Entwicklungsländer in die Lage versetzt werden, aus eigener Kraft ihre Entwicklung voranzubringen.

Entwicklungszusammenarbeit bedeutet Partnerschaft

Die Bundesregierung unterstützt Programme und Projekte in den Entwicklungsländern auf zwei verschiedenen Wegen: im Rahmen ihrer bilateralen Zusammenarbeit sowie durch ihre Leistungen für die multilaterale Zusammenarbeit der internationalen Organisationen.

In der bilateralen Zusammenarbeit werden Maßnahmen über die Finanzielle Zusammenarbeit (FZ), die Technische Zusammenarbeit (TZ) sowie die Personelle Zusammenarbeit (PZ) realisiert.

Der Einsatz der Mittel der Finanziellen Zusammenarbeit erfolgt im Auftrag der Bundesregierung durch die „Kreditanstalt für Wiederaufbau (KfW)". Mit der Technischen Zusammenarbeit, die das Leistungsvermögen von Menschen und Organisationen in Entwicklungsländern steigert, beauftragt die Bundesregierung hauptsächlich die „Deutsche Gesellschaft für Technische Zusammenarbeit (GTZ)". Die Beiträge der Personellen Zusammenarbeit umfassen die Aus- und Fortbildung von Fachkräften, die Förderung von Existenzgründungen und Beschäftigung sowie die Vermittlung und den Einsatz von Fachkräften.

Von den rund 8,4 Milliarden D-Mark, die dem Bundesministerium für wirtschaftliche Zusammenarbeit und Entwicklung 1994 zur Verfügung stehen, entfallen 64 Prozent auf die bilaterale Zusammenarbeit und 35 Prozent auf die multilaterale Zusam-

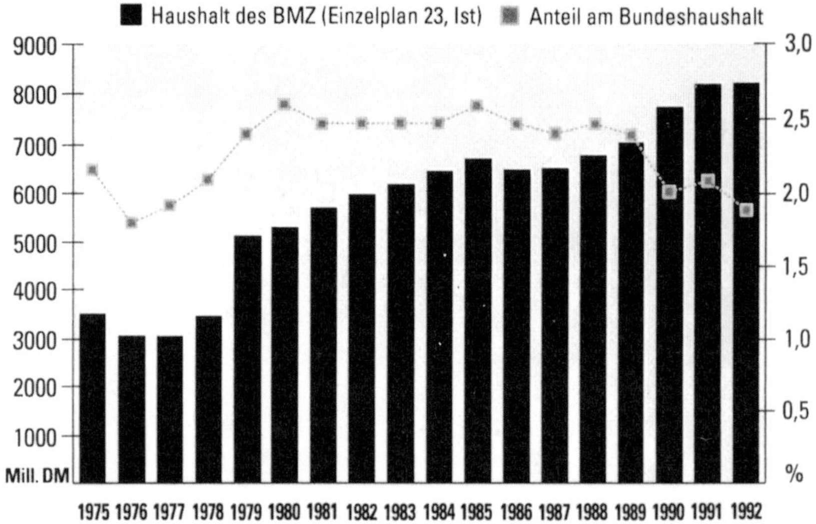

Das wichtigste Instrument zur Finanzierung der entwicklungspolitischen Zusammenarbeit der Bundesregierung ist der Haushalt des Bundesministeriums für wirtschaftliche Zusammenarbeit und Entwicklung (Einzelplan 23). Die Graphik zeigt den stetigen Anstieg der für Entwicklungszusammenarbeit zur Verfügung gestellten Mittel und illustriert den hohen Stellenwert, den die Bundesregierung der Entwicklungspolitik beimißt.

menarbeit. Nur ein Prozent dient zur Deckung der Verwaltungsausgaben. Zu den wichtigsten internationalen Organisationen, in denen Deutschland entwicklungspolitisch mitarbeitet, gehören die Weltbankgruppe, die Regionalbanken (Asiatische, Afrikanische, Interamerikanische und Karibische Entwicklungsbank), das Entwicklungsprogramm der Vereinten Nationen (UNDP), der Bevölkerungsfonds (UNFPA), das Kinderhilfswerk (UNICEF), das Welternährungsprogramm (WEP), der Weltflücht-

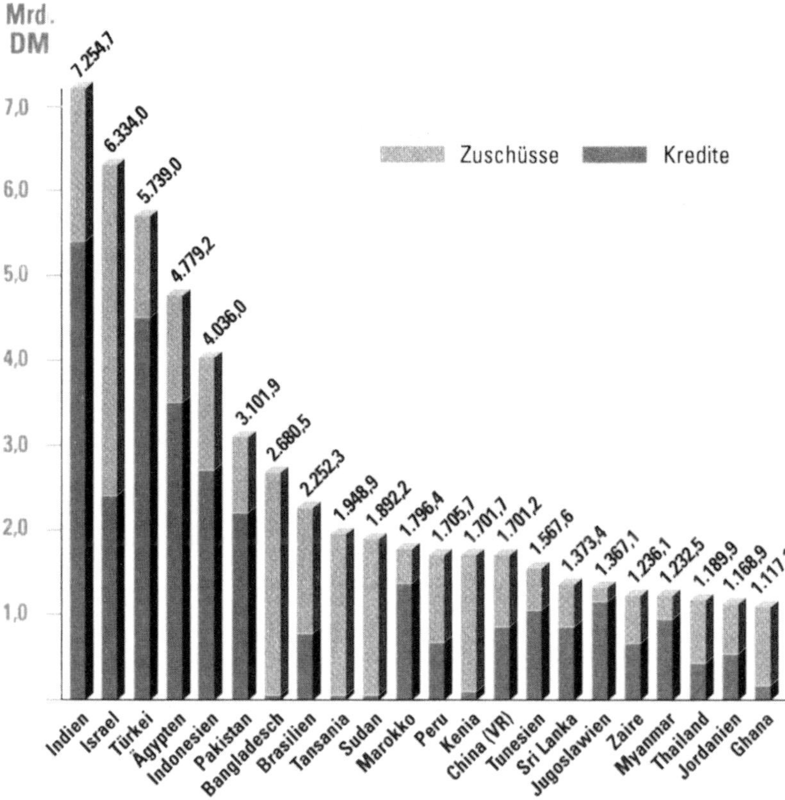

Die Bundesregierung arbeitet weltweit mit Entwicklungsländern zusammen. Mit rund siebzig Ländern finden regelmäßig Regierungsverhandlungen über die Förderung neuer Vorhaben statt. Darüber hinaus werden jährlich mit fast vierzig Ländern Konsultationen über das Programm der Entwicklungszusammenarbeit durchgeführt. Die Graphik zeigt die wichtigsten Empfängerländer deutscher öffentlicher Entwicklungszusammenarbeit und die zur Verfügung gestellten Mittel seit Beginn der Entwicklungszusammenarbeit bis zum Jahr 1992.

lingskommissar (UNHCR) sowie die Sonderorganisationen der Vereinten Nationen. Außerdem ist

Deutschland der bei weitem größte Beitragszahler der Entwicklungszusammenarbeit der Europäischen Union.

Entwicklungszusammenarbeit ist aber nicht nur Sache des Staates, sondern Aufgabe der gesamten Gesellschaft. Der Entwicklungsarbeit nichtstaatlicher Organisationen wie Kirchen und Politischen Stiftungen kommt daher in doppelter Hinsicht Bedeutung zu. Nichtstaatliche Organisationen haben den Vorteil, stärker bei den Menschen unmittelbar anzusetzen. Sie können mehr auf den gesellschaftlichen Bereich einwirken und mit ihren einheimischen Partnerorganisationen besonders eng zusammenarbeiten. Das heißt, sie können in einer Art und Weise Entwicklungszusammenarbeit betreiben, wie es der Bundesregierung nicht möglich ist.

Dadurch steht ihnen die Möglichkeit offen, den Armen auch in jenen Fällen zu helfen, in denen staatliche Zusammenarbeit wegen demokratischer Defizite, Menschenrechtsverletzungen oder kriegerischer Auseinandersetzungen nicht möglich ist. Sie erhalten die Brücke zu den Menschen, die, wenn sie unter erschwerten Lebensbedingungen auch noch die Hilfe der Geberländer entbehren müßten, doppelt bestraft würden. Über Nichtregierungsorganisationen können wir Maßnahmen der humanitären Hilfe erfolgreich abwickeln, wenn die staatlichen Kanäle, aus welchen Gründen auch immer, ausfallen.

Zugleich stärken die Nichtregierungsorganisationen in der deutschen Bevölkerung den Rückhalt und das Verständnis für die entwicklungspolitischen Aufgaben. Sie leisten damit einen maßgeblichen Beitrag zur entwicklungspolitischen Bewußtseinsbildung in Deutschland und vertiefen das Gefühl der Verantwortung für die ganze, eine Welt. Aus dem reichen Fundus ihrer Erfahrungen in den Entwicklungsländern können sie den unmittelbaren Kontakt herstellen zwischen den Menschen hier und dort. Wenn Menschen nicht nur mit Zahlen, Statistiken und Wirtschaftsdaten, sondern auch mit Namen, Gesichtern und Schicksalen vertraut gemacht werden, entsteht gegenseitiges Verständnis. Die Bundesregierung bezieht die Erfahrungen und Informationen der Nichtregierungsorganisationen in ihre Planungen ein und fördert deren Arbeit durch Zuschüsse, die fast zehn Prozent der Haushaltsmittel des Bundesministeriums für wirtschaftliche Zusammenarbeit und Entwicklung ausmachen.

Entwicklungspolitik ist immer auch Friedenspolitik. Sie lebt vom Verständnis der Menschen füreinander und trägt dazu bei, den weltweiten Zusammenhalt der Völker und Staaten zu festigen. Armut und soziale Not sind häufig die Ursache von Konflikten und kriegerischen Auseinandersetzungen. Entwicklungszusammenarbeit, die danach strebt, wirtschaftliche und soziale Spannungen abzubauen, hilft, den Frieden zu sichern. Konflikte zu verhindern und den Frieden zu sichern, ist angesichts der latent vorhandenen nationalen, sozialen, ethnischen und religiösen Spannungen in den Ländern des Südens und des Ostens eine der wichtigsten Aufgaben für die Zukunft.

Auch die Bundeswehr stellt sich in ihrem neuen Auftrag dieser Aufgabe und wird neben ihrem Verteidigungsauftrag auf der Grundlage des Kapitels VII der UNO-Charta Streitkräfte für humanitäre Hilfestellungen einsetzen. Wie im Fall Somalia wird es zukünftig eine enge Zusammenarbeit zwischen dem Bundesministerium für wirtschaftliche Zusammenarbeit und Entwicklung und den deutschen Streitkräften geben, falls die Bundeswehr in einem Gebiet eingesetzt wird, in dem die Bundesregierung bereits Projekte im Rahmen der Entwicklungszusammenarbeit durchführen läßt.

Umwelt- und Armutsflüchtlinge stellen heute bereits eine Bedrohung für viele Entwicklungsländer dar. Nach Schätzungen des Weltflüchtlingskommissars der Vereinten Nationen (UNHCR) befinden sich derzeit 19 Millionen Menschen auf der Flucht, die im Sinne der Genfer Konvention aus politischen, rassischen oder religiösen Gründen in ihrer Heimat verfolgt wurden und deshalb über die Landesgrenzen fliehen. Bürgerkriege, gewaltsame Auseinandersetzungen, Umwelt- und Naturkatastrophen sowie das Wohlstandsgefälle zwischen Arm und Reich sind Gründe dafür, daß die Flüchtlingsströme ständig zunehmen. Hiervon sind etwa weitere sechzig Millionen Menschen betroffen.

Es ist Teil präventiver Flüchtlingspolitik und gehört zu den Aufgaben der Entwicklungszusammenarbeit, den Menschen in ihrer angestammten Heimat wieder eine neue Lebensperspektive zu eröffnen und damit den Ursachen von Wanderungs- und Flüchtlingsbewegungen entgegenzuwirken. Dabei bedarf es des Zusammenwirkens vieler Politikbereiche. Wo Frieden herrscht, wo Menschenrechte beachtet werden, wo die Bevölkerung an politischen Prozessen beteiligt ist, wo Rechtssicherheit gegeben ist, wo marktfreundliche Wirtschaftsordnungen Raum für Eigeninitiative lassen und das staatliche Handeln insgesamt entwicklungsorientiert ist, dort müssen die Menschen nicht abwandern.

Männer, Frauen und Kinder, die auf der Suche nach besseren Lebenschancen vor der Armut flüchten, zeichnen sich durch die Entschlossenheit aus, ihr Schicksal selbst in die Hand zu nehmen. Ihre Wanderungsbewegungen gefährden allerdings sowohl die Stabilität der Fluchtursprungs- wie der Aufnahmeländer. Während den Fluchtursprungsländern wertvolle Arbeitskräfte verloren gehen, die sie zum Aufbau des Landes benötigten, kämpfen die Aufnahmeländer mit den Problemen, die sich aus der Integration der Flüchtlinge ergeben. Fluchtursachen und Fluchtfolgen entwickeln sich somit zu Risikofaktoren für Stabilität und Frieden in der ganzen Welt.

Noch flüchten in die Industrieländer diejenigen, die von dem wirtschaftlichen Wohlstand angezogen werden. Aber die Wahrscheinlichkeit, daß wirkliche Armutsflüchtlinge zu Hunderttausenden, ja Millionen Einlaß in die Industrieländer begehren, steigt mit jedem Tag, da die Armut, aber auch Unfrieden, soziale Ungerechtigkeit und Umweltzerstörung in vielen Entwicklungsländern zunehmen und damit der materielle Sog der Industrienationen immer unwiderstehlicher wird. Die Bundesregierung hat daher ein differenziertes Instrumentarium zur Förderung der Rückkehr und beruflichen Eingliederung entwickelt. Erfolgreiche Rückkehrer schaffen als Existenzgründer zusätzliche Arbeitsplätze und verringern dadurch den Wanderungsdruck. Sie tragen damit zur Nachhaltigkeit der Entwicklungszusammenarbeit bei.

Wollen wir den sozialen Frieden bei uns nicht gefährden, dürfen wir in unseren Entwicklungsbemühungen nicht nachlassen. „Wir geben zu bedenken, daß auch die Zeit einen ethischen Wert hat", hieß es 1991 im Bericht an den Club of Rome. „Jede verlorene Minute, jede aufgeschobene Entscheidung bedeutet, daß mehr Menschen an Hunger und Unterernährung sterben, bedeutet, daß die Zerstörung der Umwelt soweit voranschreitet, daß sie nicht mehr rückgängig gemacht werden kann. Niemand wird jemals genau den menschlichen und finanziellen Preis der verlorenen Zeit kennen."

Armutsbekämpfung

Die Götter haben gewiß nicht den Hunger als Tod bestimmt

Rigveda, X.
Sanskrit

Über dreißig Jahre entwicklungspolitischer Praxis zeigen, daß Armut durch Industrialisierungsstrategien und die Übertragung von Kapital und Wissen allein nicht überwunden werden kann. Industrielle Großprojekte üben, selbst wenn sie erfolgreich sind, nur selten eine Sogwirkung auf die Entwicklung rückständiger Sektoren und Regionen aus. Insbesondere die große Mehrheit der armen Bevölkerungsschichten werden durch solche Maßnahmen nicht erreicht. Wir wissen heute, daß Armutsminderung nicht automatisch mit dem erhofften wirtschaftlichen Fortschritt der Entwicklungsländer zu erwarten ist, sondern gezielter und differenzierter Maßnahmen bedarf. Dies erfordert eine Bewußtseinsänderung bei Gebern und Nehmern.

Die Armutsbekämpfung ist ein eminent politisches Problem und bildet die Voraussetzung für eine sozial gerechte und friedliche Entwicklung. Nach Schätzungen der Weltbank beläuft sich die Zahl derer, die in absoluter Armut leben, auf fast 1,2 Milliarde Menschen, wobei die Mehrheit der absolut Armen Frauen sind. Die deutsche Entwicklungspolitik hat deshalb die Armutsbekämpfung zum durchgängigen Ziel ihrer Entwicklungsanstrengungen erklärt.

Dabei definieren wir Armut und ihre Ursachen nicht nur rein materiell. Menschen sind arm, wenn sie nicht über das Minimum an monetärem oder nichtmonetärem Einkommen verfügen, das zur Deckung ihres Nahrungsmittelbedarfs und zur Befriedigung anderer Grundbedürfnisse erforderlich ist. Soziale, ökonomische, kulturelle, politische und ökologische Faktoren sind untrennbar miteinander verbunden, und ihre Verbesserung sind die Voraussetzung für die Minderung der Armut.

Hilfe zur Selbsthilfe mobilisiert die produktiven Kräfte der Armen

Armut wird immer mehr mit Unfreiheit, Entwurzelung, Emigration und dem Verfall traditioneller Sozialstrukturen in Verbindung gesehen. Sie kann auf Dauer nicht ohne strukturelle und funktionale Systemänderungen vermindert oder beseitigt werden. Unser Konzept der Armutsbekämpfung setzt strukturelle Änderungen und Reformen für eine durchgreifende breit angelegte Verbesserung der Lage der armen Bevölkerung voraus. Entscheidend ist, daß die Menschen die Möglichkeit erhalten, durch die Entfaltung ihrer schöpferischen Kräfte in Wirtschaft und Gesellschaft ihr Schicksal in die eigenen Hände zu nehmen. Armut wird nur überwunden, wenn es gelingt, Freiräume für selbstverantwortliche Betätigungsmöglichkeiten zu schaffen. Bei allen Fördermaßnahmen kommt es deshalb darauf an, in die produktiven Fähigkeiten der Armen zu investieren.

In Nepal etwa, wo fast die Hälfte der Bevölkerung unterhalb der Armutsgrenze lebt, hat die 1991 gewählte demokratische Regierung die Armutsbekämpfung zum Oberziel ihrer Wirtschafts- und Sozialpolitik gemacht. In Indien, wo rund ein Drittel der Bevölkerung in extremer Armut lebt, gehört die Armutsbekämpfung zu den Hauptanliegen der gegenwärtigen Regierung. Dies entspricht der Orientierung der deutsch-indischen Entwicklungszusammenarbeit, die wir in den letzten Jahren stärker als bisher auf Armutsbekämpfung ausgerichtet haben. In ähnlicher Weise wurde gemeinsam mit der Republik Jemen und Mauretanien vereinbart, Armutsbekämpfung zum übergreifenden Schwerpunkt unserer Entwicklungszusammenarbeit zu machen. Auch mit unseren vietnamesischen Partnern haben wir über die grundsätzlichen Voraussetzungen für eine stärkere Verankerung von Ansätzen der selbsthilfeorientierten Armutsbekämpfung in der bilateralen Entwicklungszusammenarbeit Einigkeit erzielt.

In dieselbe Richtung zielt auch die Zusammenarbeit mit Benin. Das Land hat als erster Staat auf dem schwarzafrikanischen Kontinent einen friedlichen Wandel von einer marxistisch-leninistischen Diktatur zu modernen demokratischen Strukturen vollzogen. Der positiv begonnene Demokratisierungsprozeß ist jedoch durch die sich abzeichnenden sozialen Konflikte bedroht. Mit deutscher Hilfe wurde daher eine Strategie zur Ernährungssicherung in Benin ausgearbeitet, die im Rahmen einer trilateralen Zusammenarbeit unter der Beteiligung Frankreichs umgesetzt wird. Das Vorhaben sieht die Beratung der beninschen Regierung bei der Umsetzung ihrer Ernährungssicherungspolitik sowie die Unterstützung der privatwirtschaftlichen Strukturen des beninschen Getreidemarktes vor.

Die Armen müssen in die Lage versetzt werden, durch eigenständiges Wirtschaften ihre Interessen zu befriedigen und bei der Schaffung menschenwürdiger Lebensbedingungen selbst mitzuwirken. Einen wichtigen Gesichtspunkt bei jeder Projektauswahl stellt daher die Frage dar, ob das Vorhaben die produktiven Kräfte der Armen mobilisiert und unterstützt. Dabei kommt es nicht zuletzt darauf an, den ärmsten Bevölkerungsgruppen leichteren Zugang zu Krediten zu verschaffen.

Die von uns unterstützte Grameen Bank in Bangladesh hat sich hierbei als eine Institution bewährt, die Arme und Landlose nicht nur erfolgreich zur Bildung von Sparkapital motiviert, sondern ihnen auch Kredite gewährt, die ihnen die Geschäftsbanken verweigern würden. Die Bank hat inzwischen über eine Million Mitglieder, deren überwiegende Mehrheit aus besonders benachteiligten Frauen besteht. Ziel unserer Unterstützung ist es, sie als sich selbst tragende Institution dazu zu qualifizieren, daß sie möglichst vielen armen Menschen in ländlichen Regionen Bankdienstleistungen anbieten kann.

Im Unterschied zu diesem Modell, bei dem die Bank ihre Dienstleistungen zu den Kunden in die Dörfer bringt, geht es bei einem Projekt in Indonesien darum, den einzelnen Kleinstunternehmer „bankfähig" zu machen und die Banken gleichzeitig dabei zu unterstützen, kundenfreundlichere Finanzdienstleistungen zu entwickeln. Nachdem sich in einer ersten Projektphase 46 Banken, 25 Mittlerorganisationen und weit über 200 Selbsthilfegruppen an dem Projekt beteiligt hatten, wurde aufgrund des hohen Interesses aller Beteiligten und des großen Erfolges des Projektverlaufs eine weitere Förderphase vereinbart, in der die Aktivitäten über die bisher beteiligten Regionen ausgedehnt werden soll.

Auch die Armutsbekämpfung muß vom Selbsthilfeprinzip getragen werden. Sie muß unmittelbar den Selbsthilfewillen stärken und den Armen durch materielle Unterstützung und Beratung eine eigenverantwortliche Lebensgestaltung sowie die Beteiligung an den gesellschaftlichen und politischen Entscheidungen ermöglichen. Auch wenn Selbsthilfeprojekte in Planung und Durchführung oft sehr schwierig sind, besitzen sie für uns einen hohen Stellenwert, da sie sich direkt an die betroffenen Menschen wenden.

Das brasilianische PRORENDA-Projekt beispielsweise hat die Förderung von Selbsthilfeinitiativen einkommensschwacher städtischer und ländlicher Bevölkerungsschichten in sieben Bundesstaaten zum Ziel. Zu den konkreten Maßnahmen gehören Produktivitätssteigerung und Anbaudiversifizierung bei Kleinbauern, Beschäftigungsförderung durch die Zusammenarbeit mit Kleinstunternehmerverbänden sowie die Bereitstellung von Selbsthilfefonds. Eine wichtige Rolle spielt bei allen Teilmaßnahmen die Stärkung der Selbstverwaltungskapazität der Bewohnervereine, Genossenschaften und anderer Selbsthilfeorganisationen sowie die Entwicklung und Anwendung von Planungs- und Durchführungsinstrumenten, die die Bevölkerung einbeziehen.

Eine auf Beteiligung und Eigeninitiative der Bevölkerung angelegte Vorgehensweise zeichnet auch das Projekt PATECORE (schonende Bewirtschaftung auf dem Zentralplateau) in Burkina Faso aus. Hier wird das Ziel verfolgt, durch die Verbreitung einer standortgerechten Bewirtschaftung einen Beitrag zur schonenden Nutzung der natürlichen Ressourcen und damit zur Verbesserung der Lebensbedingungen in der Region zu leisten. Die deutsche Entwicklungszusammenarbeit wird mit ihren Förderangeboten nur dann aktiv, wenn ein Dorf von sich aus Unterstützungsleistungen nachfragt. Der Erfolg dieses Ansatzes spiegelt sich in der wachsenden Zahl der beteiligten Dörfer. Wurde bei Projektbeginn 1988 mit sieben Dörfern zusammengearbeitet, so waren es 1993 bereits 300.

Armutsbekämpfung ist untrennbar mit der Schaffung entwicklungsfördernder Rahmenbedingungen verbunden

Methodisch unterscheiden wir bei der Projektförderung drei Säulen der Armutsbekämpfung:

- strukturelle Reformen
- unmittelbare Armutsbekämpfung
- mittelbare Armutsbekämpfung

Strukturelle Reformen bilden den vorrangigen Ansatz der Armutsbekämpfung, weil sie an den Ursachen und nicht nur an den Erscheinungsformen der Armut ansetzen. Sie haben das Ziel, auf internationaler und nationaler Ebene armutsreduzierende, wirtschaftliche, politische und gesellschaftliche Rahmenbedingungen zu schaffen. Die Bundesregierung ist darum bemüht, diesen Gedanken auch bei der Mitgestaltung der internationalen Wirtschaftsbeziehungen einzubringen. Ferner versuchen wir, über das Gespräch in den Regierungsverhandlungen hinaus durch konkrete Vorhaben die Rahmenbedingungen für die Armutsbekämpfung zu verbessern.

Den afrikanischen Ländern Benin, Kamerun, Malawi und Kenia etwa stehen wir im Rahmen der internationalen PSPPA-Initiative (Poverty and Social Policy Program for Africa) mit sozialpolitischen Beratungen zur Seite. Die Leistungsfähigkeit der für Sozialpolitik zuständigen Stellen soll damit so gestärkt werden, daß diese bei der Gestaltung und

Umsetzung von Politiken, Programmen und Projekten vor allem arme Bevölkerungsgruppen berücksichtigen.

In einem Vorhaben im Niger geht es um die Schaffung von Arbeitsplätzen durch die Förderung von privaten Unternehmen. Das Programm umfaßt die Finanzierung von Bauarbeiten zur Schaffung, Rehabilitierung und Unterhaltung öffentlicher Einrichtungen und Infrastruktur, die arbeitsintensiv von kleinen und mittleren lokalen Unternehmen durchgeführt werden. Es handelt sich dabei um den Ausbau von Straßenabschnitten, Entwässerungsmaßnahmen, den Aufbau von Krankenstationen und Schulen oder die Verbesserung der Situation von Märkten.

Die unmittelbare Armutsbekämpfung verfolgt das Ziel, Vorhaben so zu gestalten, daß diese die Armen direkt erreichen. Als beispielgebend kann hier ein Wohnungsbauprojekt im Senegal genannt werden. Bis 1984 war die Zerstörung illegaler Wohnsiedlungen die vorherrschende staatliche Antwort auf die Slumbildung im Senegal. Diese Abrißsanierung stieß auf den wachsenden Widerstand der Betroffenen. Im Rahmen der Neuorientierung der offiziellen Politik begann 1988 ein Vorhaben der Technischen Zusammenarbeit, bei dem es gelang, die Bewohner in ungewöhnlich intensiver Form an allen Planungs- und Durchführungsarbeiten zur Verbesserung der technischen und sozialen Infrastruktur in ihrem Wohngebiet zu beteiligen. Das Projekt erfüllte Vorbildfunktion, und seine Prinzipien wurden durch Dekret des Staatspräsidenten als eine verbindliche Vorgabe für nationale Stadtentwicklungsvorhaben festgeschrieben.

Zur mittelbaren Armutsbekämpfung tragen auch Vorhaben zur Förderung der Infrastruktur, zum Beispiel im Verkehrs- und Energiesektor bei, wenn sie in eine Gesamtpolitik eingeordnet sind, die den Lebensstandard der Armen erhöht. Diesen Weg beschreitet zum Beispiel ein Projekt in Tansania, das durch die Finanzierung von Ersatzteilen, Ausrüstungen und Reifen für Überlandbusse Engpässe im Transportwesens beseitigen soll. Hier wird durch die angestrebte größere Effizienz und die marktwirtschaftliche Gestaltung des Transportsystems die Produktivität der kleinbäuerlichen Landwirtschaft und der ländlichen Räume verbessert. Insbesondere werden die Marktzugänge im Bereich der Agrarvermarktung verbessert. Dies kommt gerade auch den Armen zugute.

Bis zum Jahr 2020 müssen die Entwicklungsländer ihre Nahrungsmittelproduktion verdoppeln

Die Förderung des ländlichen Raumes stellt einen besonders wichtigen Aspekt der Entwicklungszusammenarbeit dar. In vielen Entwicklungsländern begünstigen die Regierungen durch ihre Wirtschaftspolitik die städtische Bevölkerung. Da aber achtzig bis neunzig Prozent der absolut Armen im Durchschnitt der Entwicklungsländer auf dem

Lande leben, ist der Abbau der Armut in erster Linie durch die Entwicklung von Landwirtschaft und ländlichem Raum zu erreichen. Angesichts der zu erwartenden Bevölkerungsentwicklung stehen die Entwicklungsländer vor der schwierigen Aufgabe, ihre Nahrungsmittelproduktion in den nächsten drei Dekaden zu verdoppeln. Die große Herausforderung besteht dabei vor allem in der Bewahrung der natürlichen Lebensgrundlagen.

Während Produktionssteigerungen in der Vergangenheit meist durch die Ausdehnung von Anbaufläche erzielt wurden, kommt es jetzt darauf an, produktionssteigernde landwirtschaftliche Konzepte zu verstärken, um die Landwirtschaft leistungsfähiger zu gestalten, ohne ihre Grundlagen zu zerstören. Zu einer solchen Strategie gehört es, durch den Transfer angepaßter Technologie im Agrarbereich (zum Beispiel verbessertes Saatgut, Dünge- und Pflanzenschutzmittel), durch Infrastrukturinvestitionen sowie durch institutionelle Reformen die landwirtschaftliche Ertragskraft der betroffenen Regionen soweit zu stärken, daß die Bevölkerung dort zumindest eine ausgewogene Ernährung sicherstellen kann.

Aus diesem Grund stellt die Agrarforschung einen wichtigen Teilbereich der Armutsbekämpfung dar. Kernstück der internationalen Agrarforschung ist die Beratungsgruppe zur Internationalen Agrarforschung der Weltbank (CGIAR). Ihre Gründung im Jahre 1971 beruhte auf der Erkenntnis, daß die Hungersnöte der sechziger Jahre in den Entwicklungsländern im wesentlichen auf unzulängliche Anbaumethoden und wenig ertragreiche Sorten bei den Grundnahrungskulturen zurückzuführen waren. Derzeit werden von der CGIAR, die stark von deutscher Förderung profitiert, 18 internationale Agrarforschungsinstitute finanziert.

Vorrangiges Ziel ist es, Beiträge zur Lösung von Nahrungsmitteldefiziten und Massenarmut zu erarbeiten. Die ersten CGIAR-Zentren schufen die wesentliche Grundlage dafür, daß durch die sogenannte „Grüne Revolution" Millionen Menschen vor dem Hungertode bewahrt wurden. In diesem Zusammenhang wurde der internationalen Agrarforschung häufig vorgeworfen, die Züchtung zu einseitig auf Ertragssteigerungen, die meist nur in Verbindung mit hohen Mineraldüngerabgaben und Pestizideinsatz zu erreichen sind, ausgerichtet zu haben. Diese Kritik fand in den neuen Forschungsvorhaben Berücksichtigung.

Um den Produktionsmitteleinsatz wie Mineraldünger und Pestizide zu reduzieren, steht seit längerem die Entwicklung von resistenten und standortangepaßten Sorten im Vordergrund der Züchtungsaktivitäten. So konnte etwa für den Sudan eine „Striga"-resistente Sorte von Sorghum entwickelt werden. Striga ist ein Schmarotzer-Unkraut, das im Sudan, einem der Hauptanbauländer von Sorghum, gravierende Ernteverluste verursacht.

Durch gezielte Forschungen könnten in einzelnen Bereichen künftig bis zu neunzig Prozent der Schädlingsbekämpfungsmittel eingespart werden. Auch ist es möglich, durch die Züchtung ertragreicher Sorten den Bodenverbrauch zu reduzieren. So wurde etwa durch Produktionssteigerungen als Ergebnis neuerer Erfolge der Weizen- und Maisforschung allein in Indien die Neurodung von vierzig Millionen Hektar Forst- und Brachflächen zusätzlich zur bisherigen landwirtschaftlichen Nutzfläche verhindert.

Ein anderes Beispiel ist ein umfangreiches Forschungsprogramm, an dem das Fraunhofer Institut in München beteiligt ist und das dem Ziel dient, die Wachstumsprozesse der Reispflanzen besser zu verstehen. Bewässerungsreis trägt zu achtzig Prozent zur Emission von Methan in die Erdatmosphäre bei. Das sich im Boden bildende Methan wird durch das Wurzelsystem in die Pflanze aufgenommen und von dort über die Blätter emittiert. Angestrebt wird daher die Züchtung einer neuen Reispflanze, bei der die Freisetzung von Methan in die Erdatmosphäre reduziert wird.

Zudem leistet CGIAR durch ihr Genbankensystem einen entscheidenden Beitrag zum Erhalt der traditionellen genetischen Ressourcen. Für die wichtigsten Kulturarten werden mehr als 500 000 genetische Linien gehalten, gesichert und dem Züchtungsprogramm zugänglich gemacht. Dem Ziel der Sicherung und Erhaltung genetischen Materials alter Weizensorten und einige ihrer Vorfahren dienten etwa Sammelaktivitäten in Usbekistan, Tadschikistan und Äthiopien.

Um dem in Entwicklungsländern immer wieder

auftretenden Massenbefall von Schädlingen entgegenzuwirken, fördert Deutschland darüber hinaus Programme zur Entwicklung umweltverträglicher Bekämpfungsverfahren, zu denen der Einsatz biologischer und neuartiger synthetischer und umweltverträglicher Pflanzenbeatmungsmittel gehört. Insbesondere wird die Entwicklung von Verfahren zum biologisch-integrierten Pflanzenschutz systematisch und konsequent weitergeführt.

In den Jahren 1986 bis 1988 traten nach über zwanzigjähriger Pause erstmals wieder Wüstenheuschrecken in Massen auf, die die Lebensgrundlage von Millionen bäuerlicher Betriebe in Afrika bedrohten. Heute zeichnet sich aufgrund von Klimabedingungen, die das Wachstum der Larven begünstigen, erneut eine bedrohliche Entwicklung ab, die vor allem den ostafrikanischen Raum betrifft. Die nationalen Pflanzenschutzdienste haben bereits mit entsprechenden Gegenmaßnahmen begonnen und werden mit Beiträgen zur Logistik wie auch durch Aus- und Fortbildungsmaßnahmen unterstützt. Auch hier werden Maßnahmen des biologisch-integrierten Pflanzenschutzes angewendet.

Im Zusammenhang mit der landwirtschaftlichen Produktion kommt auch einem umweltorientierten Wassermanagement große Bedeutung zu. In weiten Teilen des indischen Bundesstaates Maharashtra etwa ist, hervorgerufen durch den hohen Nutzungsdruck der wachsenden Bevölkerung, eine totale Entwaldung im oberen Bereich der Wassereinzugsgebiete eingetreten. Im Rahmen eines Vorhabens zur

Rehabilitierung der Wassereinzugsgebiete werden rund zehn Teilprojekte auf einer Fläche von jeweils rund tausend Hektar zur Verminderung der Erosion und zur Erhöhung des Grundwasserspiegels durchgeführt. Dies geschieht unter anderem durch Aufforstung, den Anbau von Windschutzhecken und die Anlage von Brennholzpflanzungen. Aufgrund der Erfolge dieser Maßnahmen hat sich die Regierung von Maharashtra entschlossen, mit eigenen Mitteln ein ähnliches Programm flächendeckend im ganzen Bundesstaat zu fördern.

Auf Unterstützungsmaßnahmen zur Steigerung ihrer landwirtschaftlichen Produktion sind vor allem die afrikanischen Länder südlich der Sahara angewiesen. Diese ärmsten Länder Afrikas verfügen insgesamt nur über sehr begrenzte, bei weitem jedoch nicht ausgeschöpfte Ressourcen. Aus der ungleichen Verteilung der landwirtschaftlichen Ressourcen zwischen den ariden, semiariden und tropisch-feuchten Klimazonen sowie den extremen Veränderungen in den ökologisch-klimatischen Bedingungen einzelner Regionen ergeben sich dauernde Unsicherheiten und immer wiederkehrende extreme Schwankungen in der Nahrungsmittelversorgung aus eigener Kraft. Immer stärker werden die ohnehin begrenzten natürlichen Ressourcen durch falsche oder überzogene Nutzung geschädigt oder sogar zerstört. Aufgabe der Entwicklungszusammenarbeit mit diesen Ländern muß es daher sein, einer weiteren Degradierung der Ressourcenbasis entgegenzuwirken und eine langfristig tragbare Ressourcennutzung zu ermöglichen. Die Ernährungssicherung aus eigener Kraft bleibt dabei das vorrangige Ziel unserer Entwicklungspolitik. Hilfe zur Selbsthilfe muß auch hier als oberstes Prinzip gelten. Die Maßnahmen der Entwicklungszusammenarbeit müssen sich vordringlich auf die Behebung der Ursachen konzentrieren und dürfen nicht die Eigeninitiative hemmen. Billiger oder sogar kostenloser Export von Nahrungsmitteln aus Industrieländern trägt nicht zur Lösung der Probleme bei, sondern führt vielmehr zu einer Zerstörung des landwirtschaftlichen Anbaus in den Entwicklungsländern.

Die Wechselwirkung zwischen Armut und Umweltzerstörung, die sich am Beispiel der Länder Subsahara-Afrikas besonders deutlich ablesen läßt, unterstreicht die Bedeutung, die dem Umwelt- und Ressourcenschutz in der Entwicklungspolitik zukommt. Zunehmende Umweltzerstörung kann den Armen besonders schaden, und umgekehrt können Armut und hoher Bevölkerungsdruck zur Ursache von Umweltschäden werden. Umweltzerstörungen in den Entwicklungsländern, etwa durch Brandrodung oder das Schlagen von Feuerholz, sind vor allem Folge der Armut. Armutsbedingte Umweltschäden führen aber wiederum zu noch größerer Armut, wenn das Abholzen die Erosion fruchtbarer Ackerböden beschleunigt.

Die Spirale von Armut und Umweltzerstörung ist somit eine der Ursachen für die zunehmenden Flüchtlings- und Wanderungsbewegungen. Sie zu durchbrechen und die Menschen vor Ort dabei zu unterstützen, ihre agrarische Produktion ohne weitere Zerstörung der Natur zu verbessern, ist somit auch Teil einer präventiven Flüchtlingspolitik. Hierzu gehört die Vermittlung von technischem Know-how ebenso wie die Förderung infrastruktureller Maßnahmen sowie der freie Zugang zu den Weltmärkten. Aufgabe der Entwicklungszusammenarbeit muß es sein, eine nachhaltige und ökologisch tragfähige Entwicklung in Gang zu setzen. Die Bundesregierung hat daher den Erhalt der natürlichen Lebensgrundlagen zu einem eigenen Schwerpunkt ihrer Entwicklungspolitik gemacht.

Umweltschutz

Wer ein Grundstück wieder urbar macht, das schon dem Tod geweiht war, darf es behalten, und kein anderer hat ein Anrecht darauf.

Hadith
(Worte des Propheten Mohammed)

Im Umweltbereich wird die globale Dimension der Entwicklungsproblematik besonders sichtbar, denn mit Maßnahmen in diesem Bereich tragen wir dazu bei, die Entwicklungsgrundlage der gesamten Menschheit zu sichern. Auswirkungen von Umweltzerstörungen bleiben nur selten auf eine Region beschränkt. Vielmehr treten die von der ungezügelten Ausbeutung der Natur durch den Menschen in Gang gesetzten Schäden rund um den Globus zutage, und oft sind es gerade die Ärmsten, die am meisten darunter zu leiden haben. Der Schutz der Umwelt stellt daher eine zentrale Herausforderung der Entwicklungszusammenarbeit dar. Entwicklungs- und Industrieländer sind gerade hier gefordert, ihren Teil dazu beizutragen, daß eine wirkliche „Entwicklungspartnerschaft" gestaltet werden kann.

Aufgabe der Industriestaaten muß es sein, durch konsequente nationale Umweltvorsorgepolitik die Entwicklung umweltverträglicher Technik voranzutreiben und diese weltweit verfügbar zu machen. Die Industrieländer können und dürfen sich nicht darauf beschränken, den Entwicklungsländern eine Veränderung ihres Umweltverhaltens zu empfehlen, damit die in den Industrieländern gemachten Fehler vermieden werden. Als wesentliche Verursacher der bisher entstandenen globalen Umweltschäden kommt den Industrieländern eine besondere Verantwortung zu. Wenn man bedenkt, daß allein der Großraum Los Angeles soviel Strom verbraucht wie ganz Indien, dann kann es nicht angehen, umweltschonende Maßnahmen in den Entwicklungländern durchsetzen zu wollen, ohne die weltweiten Auswirkungen unserer eigenen Wirtschafts- und Lebensweise zur Disposition zu stellen. Wir selbst müssen lernen, mit unseren Ressourcen schonender umzugehen und unseren Wohlstand durch wesentlich sparsameren Einsatz von Energie und Rohstoffen zu sichern, denn wir verfügen über die technologischen und finanziellen Mittel, um den längst fälligen Durchbruch für eine „Effizienzrevolution“ einzuleiten. Nur durch die Vorbildfunktion gewinnen die Industrieländer auch die Glaubwürdigkeit, auf den Einsatz umweltfreundlicher Technik in den Entwicklungsländern Einfluß zu nehmen.

Armut ist eine Gefahr für die natürlichen Ressourcen

Das Thema „Internationaler Umweltschutz" wurde erstmals von Bundeskanzler Helmut Kohl beim Weltwirtschaftsgipfel 1991 in London problematisiert und konsequent in die Konferenz für Umwelt und Entwicklung der Vereinten Nationen (UNCED) in Rio de Janeiro 1992 überführt. Diese Konferenz, bei der zum ersten Mal die Staats- und Regierungschefs aller Nationen über die Zukunftsfragen der Menschheit berieten, eröffnete die Chance, die Entwicklung der Länder so zu steuern, daß die Entwicklungsbedürfnisse der Entwicklungsländer mit der Erhaltung der natürlichen Lebensgrundlagen in Einklang gebracht werden können. Mit der Rio-Deklaration, den Konventionen zu Klima und biologischer Vielfalt, der Walderklärung und dem gerade aus entwicklungspolitischer Sicht bedeutsamen umweltpolitischen Aktionsprogramm Agenda 21 wurden die Grundlagen für eine qualitativ neue weltweite Zusammenarbeit in der Entwicklungs- und Umweltpolitik geschaffen. In der Rio-Deklaration sind die wesentlichen Grundsätze festgelegt, die in den Bereichen Umwelt und Entwicklung für das künftige Verhalten der Staaten untereinander und von Staaten zu ihren Bürgern von Bedeutung sind. Die Erklärung betont das Recht auf Entwicklung sowie die Notwendigkeit der Armutsbekämpfung und einer angemessenen Bevölkerungspolitik. In ihr wird festgehalten, daß der Mensch im Mittelpunkt des Entwicklungsprozesses zu stehen hat und daß die Erhaltung der Lebensräume Bestandteil der Entwicklung sein muß. Deutschland hat von Anfang an keine Zweifel daran gelassen, daß es die Beschlüsse von Rio, die sich in Kernfragen mit unserer Politik decken, auf entwicklungspolitischem Gebiet in die Praxis umsetzen wird.

Eine Voraussetzung für den Schutz der natürlichen Ressourcen in den Entwicklungsländern liegt vor allem darin, ausreichende Lebens- und Einkommensverhältnisse für alle Menschen zu schaffen. Solange Millionen von Menschen zuerst an das tägliche Brot denken müssen, fragen sie nicht, ob morgen noch Getreide wachsen kann. Entscheidend ist daher, die Bedürfnisse der Menschen mit den Anforderungen des Umwelt- und Ressourcenschutzes in Einklang zu bringen und Wege zu finden, wie man es den ärmeren Ländern erleichtern kann, auf einen Raubbau an ihren natürlichen Lebensgrundlagen zu verzichten. Den Menschen in den Entwicklungsländern Perspektiven für eine bessere Zukunft zu geben, heißt vor allem auch, heute alle Anstrengungen zu unternehmen, um die natürlichen Lebensgrundlagen für künftige Generationen zu bewahren.

Zwanzig Millionen Hektar landwirtschaftlicher Nutzfläche fallen jährlich der Wüste zum Opfer

In vielen Regionen der Erde ist das Gleichgewicht zwischen Mensch und Natur, das sich über viele

Generationen entwickelt hat, inzwischen gefährdet. Auf der Suche nach nutzbarem Land überschreiten die Bauern von der Natur gesteckte Grenzen, die sie früher respektiert haben, und stoßen beispielsweise in unberührte Regenwälder oder in erosionsgefährdete Trockengebiete vor. Immer mehr Entwicklungsländer gerieten auf diese Weise in eine Art „ökologische Armutsfalle". Die übermäßige Nutzung der natürlichen Ressourcen Boden, Vegetation und Wasser führt zu Verlusten an landwirtschaftlicher Nutzfläche von etwa zwanzig Millionen Hektar pro Jahr. Semiaride Savannen, Gebirgslagen und der tropische Regenwald erweisen sich als ökologisch besonders labile Regionen. In den ariden Klimagebieten wurden Bodenversalzung, Wasserbelastung und Wassermangel zum entscheidenden Hemmschuh für soziale und wirtschaftliche Entwicklung. Von ungefähr 1,8 Milliarden Hektar Weide- und Trockenwaldfläche in den Entwicklungsländern sind heute rund 1,4 Milliarden Hektar durch Überweidung, Abholzung und Abbrennen in ihrer Ertragsfähigkeit herabgesetzt. Die Erosion übersteigt die natürliche Bodenbildung um das Dreißig- bis Vierzigfache.

Besonders betroffen von dem Phänomen der Wüstenbildung, das potentiell etwa ein Drittel der Landoberfläche der Erde bedroht, sind vor allem Asien und Afrika. Auf diesen beiden Kontinenten liegen 64 Prozent der Trockenzonen der Welt. Desertifikationsbekämpfung ist seit Mitte der achtziger Jahre zu einer wichtigen Aufgabe der bilateralen deutschen Entwicklungszusammenarbeit geworden. Afrika ist dabei eindeutig Schwerpunktregion. Im Sudan-Sahelgürtel Afrikas ist eine Reihe von Ländern bereits an die Grenzen ihrer landwirtschaftlichen Flächen gestoßen. Anzeichen hierfür sind der Wegfall von Brachezeiten, das Ausweichen auf ungünstige Standorte, das Verdrängen der Viehweide durch Ackerbau, die zum Teil völlige Entwaldung in der Nähe von Siedlungen, Dörfern und Städten sowie die zunehmende Abwanderung von Teilen der Landbevölkerung infolge der Verknappung von Land und zurückgehender Erträge in Städte und Ballungsräume. Dort verschärft sich die in den Entwicklungsländern kaum noch zu bewältigende Krise der Verstädterung. Arbeitslosigkeit und Obdachlosigkeit nehmen überhand, und die Slumgürtel um die großen Städte breiten sich immer mehr aus.

Desertifikationsbekämpfung und Ressourcenmanagement stellen wegen ihres komplexen, sektorübergreifenden Charakters besondere Anforderungen an Planung und Koordinierung geeigneter Programme. Gemeinsam mit der westafrikanischen Regionalorganisation „Comité Permanent Interétat de Lutte contre la Sécheresse au Sahel (CILSS)" und der ostafrikanischen „Intergovernmental Authority on Drought and Development (IGADD)" unterstützt Deutschland die Ausarbeitung von Regionalstrategien der Desertifikationsbekämpfung sowie die anschließende Konzeption und Umsetzung von nationalen Plänen in den Mitgliedsländern. Wichtigstes Merkmal für alle Maßnahmen im Rahmen dieser

Der Abbau der Armut in den Entwicklungsländern wird in erster Linie durch eine Förderung der Landwirtschaft erreicht. Das Bild zeigt den Autor 1993 bei der Kokosnußernte in Ghana. Die Bevölkerung Ghanas erarbeitet mehr als fünfzig Prozent ihres Bruttoinlandsprodukts in der Landwirtschaft.

Investitionen in die schöpferischen Kräfte des Menschen sind der erfolgreichste Weg, Hilfe zur Selbsthilfe zu leisten. Denn ausgebildete Menschen stellen für die Entwicklung eines Landes das wertvollste Kapital dar. Während seines Besuches in Kenia 1991 überreichte Bundesminister Carl-Dieter Spranger symbolisch einen Schlüssel für neue Klassenräume.

Bei der Förderung des Hochschulwesens in den Entwicklungsländern muß vor allem darauf geachtet werden, daß die Ausbildungsinhalte für den wirtschaftlichen Aufbau genutzt werden können. Bedarf besteht insbesondere bei der technischen Ausstattung der Universitäten. 1991 stattete der Autor der Ingenieurfakultät an der Universität Dar es Salaam in Tansania, einem Projekt der deutschen Entwicklungszusammenarbeit, einen Besuch ab.

Nur zwanzig Prozent der Bevölkerung in den Entwicklungsländern haben Zugang zu einer wirksamen Gesundheitsvorsorge. Krankheit aber mindert die Leistungsfähigkeit der Menschen und verschärft somit die Probleme der Armut. 1991 besuchte der Autor das Gesundheitszentrum des Deutschen Entwicklungsdienstes in Dhibin im Jemen.

Neben menschlichen, ökonomischen und sozialen Zerstörungen hat das Vernichtungswerk des Kommunismus auch ökologische Altlasten gigantischen Ausmaßes hinterlassen, deren Beseitigung noch Generationen in Anspruch nehmen wird. Das Bild zeigt die Umweltkatastrophe am Aralsee in Kasachstan.

Der Erfolg von Projekten der Entwicklungszusammenarbeit hängt davon ab, daß die Bevölkerung an der Planung und Durchführung beteiligt ist. Wird der Entwicklungsprozeß von den Menschen getragen, ist seine Nachhaltigkeit gewährleistet. Während seines Besuches im Königreich Nepal suchte der Autor das Gespräch mit der Bevölkerung.

In vielen ökologisch labilen Regionen der Erde sieht sich die Bevölkerung gezwungen, das durch Erfahrungen von Generationen geprägte Gleichgewicht zwischen Mensch und Natur außer acht zu lassen. Bodenerosion und Verwüstung sind die Folgen. Das Bild zeigt den Autor 1994 beim Besuch eines deutsch-indischen Aufforstungsprojekts.

Schwarzafrika wird dank der internationalen Entwicklungszusammenarbeit nicht im Regen stehengelassen. Noch lebt aber die Hälfte der Bevölkerung in Armut, und das tägliche Kalorienangebot ist das geringste der Welt.

Wirtschaftliche Not zwingt die Familien Afrikas, ihre Kinder schon früh zur Arbeit heranzuziehen. Nur jedes zweite Kind ist in der Lage, eine Schule zu besuchen. Die Förderung von Aus- und Fortbildung stellt daher einen Schwerpunkt der deutschen Entwicklungszusammenarbeit dar.

Frauen tragen in den Entwicklungsländern einen beträchtlichen Teil der Arbeitslast. Die Bundesregierung hat daher die Förderung von Frauen zu einer Querschnittsaufgabe ihrer Entwicklungszusammenarbeit gemacht.

Die Beschaffung von sauberem Trinkwasser ist ein zentrales Problem der Länder Afrikas, von dem vor allem die Frauen betroffen sind. Je nach Jahreszeit müssen sie bis zu zehn Kilometer Fußweg zurücklegen, um ihre Familien mit Wasser zu versorgen. Nach der erfolgreichen Bohrung eines Brunnens in Sambia versammeln sich daher aller Bewohner des Dorfes.

Schlechte Gesundheitsverhältnisse und hohe Säuglingssterblichkeit veranlassen die Eltern Subsahara-Afrikas, viele Kinder in die Welt zu setzen. Ziel der Entwicklungpolitik ist es, durch den Aufbau eines funktionierenden Gesundheitssystems das Überleben der Kinder zu sichern und damit zur Senkung der Geburtenrate beizutragen.

Pläne ist, daß sie von der Landbevölkerung durchgeführt und beherrscht werden und weitgehend auch mit den ihr verfügbaren Mitteln umsetzbar sein müssen. Erfahrungen der Vergangenheit zeigten nämlich, daß weniger die technischen Lösungen als vielmehr die Beteiligung der Bevölkerung und ihrer Selbsthilfeorganisationen bei der Planung und Durchführung der Maßnahmen der kritische Faktor für den Erfolg von Ressourcenmanagementprojekten ist. Nur wenn die örtliche Bevölkerung intensiv an der Erarbeitung und Umsetzung der Pläne beteiligt ist und sie Erfolge auch als die ihren erkennt, ist sie motiviert, das Projekt weiterzutragen.

Beispielgebend ist hier das bereits erwähnte PATECORE-Projekt in Burkina Faso. Dieses „Unterstützungs-Projekt" erfüllt nicht nur Vorbildfunktion, weil es Beispiele einer ressourcenschonenden Landwirtschaft bietet und damit sowohl der Armutsbekämpfung wie dem Umweltschutz dient, sondern vor allem weil es gelungen ist, der Landbevölkerung selbst die tragende Rolle zuzuweisen. Daß in das Projekt auch Fördermaßnahmen aufgenommen wurden, die Frauen die Möglichkeit bieten, ein eigenes Einkommen zu erzielen, stellt noch zusätzlich einen wichtigen Aspekt dar. Von dem Teufelskreis Armut, Bevölkerungswachstum und Ressourcenzerstörung sind Frauen in besonderem Maße betroffen.

Zusammen mit den burkinischen technischen Diensten nahm PATECORE eine ganze Palette von Aktivitäten in Angriff. Um die Erosion einzudämmen, wurden die Dorfbewohner zum Beispiel angeleitet, durchlässige und einfache Steinwälle zu errichten, die das Einsickern der Niederschläge in den Boden verbessern und verhindern, daß nach Niederschlägen die Wasserfluten das Erdreich wegspülen. Entlang der Steinwälle pflanzten sie Bäume, Sträucher und Futterpflanzen. In Bildungsveranstaltungen wurden ihnen und ihren einheimischen Beratern neue landwirtschaftliche Methoden vermittelt, und anhand von Luftaufnahmen erstellten sie Pläne zur Verbesserung der Landnutzung. Vier Forschungsvorhaben begleiten das Projekt, in denen vor allem untersucht wird, wie sich die Maßnahmen auf die ökologische und soziale Situation der Region auswirken.

Der Einsatz erneuerbarer Energiequellen in den Entwicklungsländern muß gezielt vorangetrieben werden

Neben der landwirtschaftlichen Übernutzung der Böden ist vor allem die sogenannte „Brennholzkrise“ eine wesentliche Ursache der fortschreitenden Erosion. Während ein Viertel der Weltbevölkerung in den Industrieländern drei Viertel der auf der Welt erzeugten Energie verbraucht, decken mehr als eine Milliarde Menschen in den Entwicklungsländern ihren Energiebedarf, indem sie in ihrer Umgebung mehr Holz abschlagen als nachwachsen kann. Dadurch wird der Baumbestand in der Umgebung von Städten und Siedlungen immer weiter zurückgedrängt.

Da eine gesicherte Versorgung mit preisgünstiger Energie eine wesentliche Voraussetzung für die wirtschaftliche Entwicklung eines Landes darstellt, ist es Aufgabe der Entwicklungspolitik, sinnvolle Energiekonzepte zu erarbeiten. Zur Versorgung von städtischen Ballungszentren, zur Modernisierung von Landwirtschaft, Industrie und Gewerbe und zur Schaffung ausreichender Infrastrukturen in den Entwicklungsländern ist der Einsatz fossiler Energieträger immer noch unverzichtbar. Dabei wird die Kohle auch in Zukunft eine wichtige Rolle spielen, gefolgt von Erdöl. Um die Umweltbelastungen in Grenzen zu halten und die finanziellen Möglichkeiten der Entwicklungsländer nicht übermäßig zu strapazieren, kommt es jedoch vor allem darauf an, Maßnahmen zum rationelleren Umgang mit Energie zu treffen. Sowohl bei der Umwandlung wie beim Transport und bei der Verwendung von Energie ist noch ein breites Spektrum von Einsparungen möglich, entsprechend der schlichten Wahrheit, daß die billigste Energie jene ist, die eingespart werden konnte. Die Verluste, die in Entwicklungsländern allein bei der Stromübertragung auftreten, belaufen sich auf bis zu dreißig Prozent.

Vor allem im Kraftwerksbereich ist in den Entwicklungsländern eine deutliche Erhöhung des Wirkungsgrades erforderlich. In China etwa, das weltweit nicht nur der größte Produzent, sondern auch der größte Verbraucher von Kohle ist, erzeugen viele industrielle Verbraucher und Kraftwerke Energie mit kleinen, veralteten Anlagen, die geringe Wirkungsgrade aufweisen und die Umwelt stark verschmutzen. Weil der Bedarf an Energie in vielen Regionen sehr rasch weiter zunehmen wird, sieht sich China gezwungen, in kurzer Zeit große Kraftwerkskapazitäten aufzubauen. Dabei muß das Land verstärkt auch auf schwefelhaltige Braunkohle zurückgreifen.

Die Deutsche Gesellschaft für Technische Zusammenarbeit (GTZ) unterstützt im Auftrag der Bundesregierung das chinesische Energieministerium bei Maßnahmen zum Umweltschutz. Vorrangig geht es darum, die meßtechnischen Möglichkeiten zu verbessern und die Betreiber von Kraftwerken über technische Verfahren zu informieren und zu beraten. Wichtig ist es vor allem, die Anlagen optimal einzustellen, damit verhindert wird, daß bestimmte Schadstoffe überhaupt erst entstehen. Schon mit Hilfe einfacher Meßgeräte und wenig aufwendiger technischer Verfahren kann man die Feuerung erheblich verbessern und ohne große Investitionen Brennstoffeinsparungen erzielen.

Zusätzlich zu solchen Maßnahmen, die dazu beitragen sollen, den Energieverbrauch rationeller zu gestalten und die Energieverschwendung zu senken, müssen bei der Nutzung fossiler Energieträger alle Möglichkeiten ausgelotet werden, von stark umweltbelastenden Trägern wie Kohle auf schadstoffärmere Träger wie Erdgas umzustellen. Erneuerbare Energiequellen wie Sonne, Wind und Biomasse eignen sich nur für dezentrale Energieversorgungskonzepte in ländlichen Räumen mit geringer Bevölkerungsdichte. Eingeschränkt ist ihre Nutzung durch die in vielen Entwicklungsländern betriebene Energiepreispolitik, die häufig die Verkaufspreise von Strom aus politischen Gründen subventioniert. Deshalb besteht für die potentiellen Nutzer in netznahen Gebieten kein Anreiz, Anlagen für die Nutzung regenerativer Energiequellen einzusetzen und auf sparsamen Verbrauch zu achten. Dies wiederum führt dazu, daß die Elektrizitätsgesellschaften unter chronischen Liquiditätsengpässen leiden. Hinzu kommen die hohen Investitionskosten der Anlagen. Mittel- und langfristig bieten erneuerbare Energiequellen jedoch die dauerhafteste und umweltschonendste Möglichkeit zur Energieversorgung. Deutschland finanziert daher im Rahmen der Technischen Zusammenarbeit mit den Entwicklungsländern gezielte Förderprogramme für ihre Verbreitung.

Beispielgebend ist hier das vom Bundesministerium für Forschung und Technologie und vom Bundesministerium für wirtschaftliche Zusammenarbeit und Entwicklung gemeinsam getragene Programm zur Einführung photovoltaischer Trinkwasserpumpen in sonnenreichen Gebieten. Sauberes Trinkwasser ist die Lebensgrundlage des Menschen. Rund achtzig Prozent aller Krankheiten in den Entwicklungsländern werden durch ungesundes Trinkwasser verursacht. Die Bereitstellung von sauberem Trinkwasser bedeutet daher für die Menschen neben der Sicherung ihrer Lebensgrundlage auch die Öffnung für vielfältige Entwicklungsprozesse. Wo Treibstoff für Dieselpumpen mühsam und kostspielig in abgelegene Gebiete transportiert werden muß, könnten photovoltaische Pumpen die Sonnenenergie verläßlich und umweltschonend nutzen.

Das Programm wird zusammen mit nationalen Wasserbehörden in den Ländern Argentinien, Brasilien, Indonesien, Jordanien, Philippinen, Tunesien und Simbabwe durchgeführt. Es verfolgt das Ziel, die technische Reife photovoltaisch betriebener Pumpen zu demonstrieren und die Bedingungen für ihre breite Nutzung zu klären. In seinem Verlauf werden etwa hundert Anlagen an ausgewählten Standorten der Projektländer installiert. Begleitet wird das Projekt durch Trainingsprogramme lokaler Betreiber und Techniker für den Betrieb und die Wartung der Anlagen sowie durch sozialwissenschaftliche Maßnahmen, die zugleich Auskunft darüber geben sollen, wie die neue Technik von der Bevölkerung akzeptiert wird. Erste Rückmeldungen aus Argentinien und Jordanien zeigen eine deutliche Bereitschaft, in nationalen Programmen der ländlichen Trinkwasserversorgung photovoltaische Anlagen einzusetzen.

Der Erhalt der tropischen Regenwälder stellt die weltweite Umweltpartnerschaft auf eine Bewährungsprobe

Ein dauerhafter und wirksamer Schutz der natürlichen Lebensgrundlagen ist ohne Mitwirkung der einheimischen Bevölkerung nicht möglich. Nur wenn es gelingt, die Menschen vor Ort in die Programme einzubinden und sie zur aktiven Mitarbeit zu bewegen, besteht Aussicht darauf, daß die Projekte schließlich in eigener Verantwortung, unabhängig von der Entwicklungszusammenarbeit, durch die lokale Bevölkerung fortgeführt werden können. Das gilt auch für Naturschutzprogramme. Schutzgebiete lassen sich auf Dauer nur erhalten, wenn die Bevölkerung den Naturschutzgedanken akzeptiert und hinter den lokalen Schutzmaßnahmen steht. Wie das Beispiel der tropischen Regenwälder zeigt, stellt gerade die Schaffung einer solchen Akzeptanz oft das schwierigste Problem dar.

Noch vor dreißig Jahren bedeckten die tropischen Regenwälder eine Fläche von 14 Millionen Quadratkilometern. Heute steht davon nur noch die Hälfte, und dieser Rest schrumpft mit erschreckender Geschwindigkeit. Während von 1970 bis 1980 weltweit pro Jahr etwa 94 000 Quadratkilometer Regenwald gerodet wurden, waren es nach einer Studie der Vereinten Nationen von 1980 bis 1990 bereits 168 000 Quadratkilometer. Einher mit der Zerstörung des Waldes geht die Vernichtung seiner genetischen Vielfalt, denn die Tropenwälder beherbergen zwischen fünfzig bis sechzig Prozent des biologischen Artenreichtums der Erde. Dieses Artenspektrum ist bisher nicht einmal annähernd erforscht worden.

Nach Einschätzung des Tropenwald-Experten Josef H. Reichholf darf zukünftig kaum noch Regenwald vernichtet werden. „Wenn es nämlich nicht gelingt, ausreichend große Flächen zu erhalten, werden die aus europäischer Sicht immer noch großen Restflächen nicht als Regenwald überleben können, weil sich dann einschneidende klimatische Veränderungen ergeben haben. Es wird dann unausweichlich sein, daß bis zum Jahr 2050 oder spätestens 2100 95 Prozent der tropischen Regenwälder vernichtet sind. Die restlichen paar Prozent werden eine gewisse Vorstellung von der Natur des tropischen Regenwaldes vermitteln, aber nie und nimmer den Artenreichtum erhalten."

Die Erhaltung der tropischen Wälder ist seit Jahren ein Schwerpunkt der deutschen Entwicklungspolitik. Das Tropenwaldprogramm, das die von uns geförderten Vorhaben zum Schutz der Wälder zusammenfaßt, schließt unterdessen 54 Entwicklungsländer ein. Mit über 120 laufenden und in Vorbereitung befindlichen Vorhaben der Technischen und Finanziellen Zusammenarbeit werden die Bemühungen der Partnerländer zur Erhaltung und sinnvollen Nutzung ihrer Tropenwaldressourcen in vielfältiger Weise unterstützt. Dabei geht es in erster Linie darum, die Akzeptanz des Naturschutzgedankens in der Bevölkerung zu verbessern.

In Brasilien etwa, das drei Viertel von Gesamtamazonien umfaßt, dem für das regionale und weltweite Klima sowie für die biologische Vielfalt der Erde wichtigsten zusammenliegenden Tropenwaldgebiet, wurden in der Vergangenheit auf einer Fläche von rund 25 Millionen Hektar 123 bundes- und 205 einzelstaatliche Schutzgebiete ausgewiesen. Die damit verfolgte Zielsetzung, Gebiete einmaliger biologischer und ökologischer Vielfalt zu erhalten, konnte jedoch weder auf Bundes- noch auf Länderebene erreicht werden. Deutschland unterstützt das Land nun dabei, bedrohte Schutzgebiete nachhaltig zu sichern und das geschützte Territorium auszubauen. Da für die Umsetzung einer wirkungsvollen Umweltpolitik leistungsfähige Behörden erforderlich sind, fördert Deutschland im Rahmen des Projekts insgesamt sieben Landes- und Umweltbehörden.

Wie die Erfahrungen der Vergangenheit zeigen, scheitert der klassische konservierende Naturschutz häufig an den sozioökonomischen Rahmenbedingungen der Entwicklungsländer. Eine realistische Strategie der Tropenwalderhaltung muß neben dem wirksamen Schutz unentbehrlicher Naturwaldgebiete ökologische und sozialverträgliche Formen der Waldnutzung zur Existenzsicherung der ansässigen Bevölkerungsgruppen umfassen. Es genügt nicht, Naturschutzgebiete auszuweisen und forstliche Aktivitäten zu fördern, wenn den Menschen, die auf deren Nutzung angewiesen sind, keine Alternative dazu geboten wird. Deutschland unterstützt daher in seinem Tropenwaldprogramm auch Maßnahmen und Vorhaben, die den Schutz der natürlichen Ressourcen mit deren nachhaltiger ökologisch verantwortlicher Nutzung verbinden.

In diesem Sinne arbeiten Mexiko und Deutschland gemeinsam an einem Konzept, um Regenwaldgebiete in der Provinz Quintana Roo auf der Halbinsel Yukatan nachhaltig und umweltverträglich zu bewirtschaften. Die Ausgangslage war zunächst ebenso entmutigend wie in anderen Tropenwaldgebieten. Holzgesellschaften fällten mit staatlicher Genehmigung die vorhandenen ein bis zwei Mahagonibäume pro Hektar. Auf den dabei geschlagenen Schneisen folgten „wilde Siedler", die den Wald brandrodeten, aber schon nach wenigen Jahren weiterzogen, um neuen Wald zu roden, weil die nährstoffarmen Böden für eine landwirtschaftliche Nutzung ungeeignet sind. Mit Hilfe des Projektes konnte dieser Kreislauf der Vernichtung unterbrochen werden.

Die zehn in diesem Waldgebiet lebenden Dorfgemeinschaften erhielten vom Staat 130 000 Hektar Waldfläche zur selbstverantwortlichen Bewirtschaftung übereignet. Mit Unterstützung eines deutsch-mexikanischen Beraterteams wurden bestimmte Flächen für eine intensive klimatisch angepaßte Landwirtschaft ausgewählt, so daß die Siedler sich selbst versorgen konnten. In den verbleibenden Forstgebieten erfolgte eine sorgfältige Waldinventur. Auf der Grundlage ihrer Ergebnisse bestimmten die Dorfbewohner dann die jährlichen Einschlagsgebiete und -quoten, wiesen Waldschutzgebiete aus, führten die Holzernte und Waldbewirtschaftungsmaßnahmen selbst durch und handelten über ihre Forstbeauftragten auch die Preise für das genutzte und zum Teil in eigenen Sägewerken weiterverarbeitete Holz aus.

Während früher jährlich 30 000 Kubikmeter Mahagoni eingeschlagen wurden, sind es heute nur noch 7000. Dennoch ging die Rechnung für die Siedler auf. Die Kredite für die Maschinen konnten bereits in der Anfangszeit aus den Holzerträgen zurückgezahlt werden, und es blieben Gewinnanteile für alle 2000 Familien. Der Erfolg des Projektes beruht vor allem darauf, daß die Bevölkerung durch die direkte Beteiligung am Ertrag der Holzkonzessionen ein gemeinsames Interesse daran entwikkelte, das ihnen übereignete Tropenwaldgebiet dauerhaft zu nutzen und damit auch zu erhalten.

Bestimmte Naturräume lassen sich allerdings nur durch weitgehende Unterschutzstellung erhalten. Dies erfordert, daß für die Menschen, die am Rande von unberührten Naturräumen leben und von der Nutzung der natürlichen Ressourcen abhängen, alternative Möglichkeiten der Existenzsicherung entwickelt werden. Um den Bevölkerungs- und Nutzungsdruck auf die Naturräume abzufangen, müssen den in den Randgebieten lebenden Menschen durch intensivierte, standortgerechte Landwirtschaft auf dafür geeigneten Flächen oder durch Kleingewerbe andere Erwerbsquellen angeboten werden. Maßnahmen zur Randzonenentwicklung haben die Aufgabe, einen Ausgleich zwischen Schutz- und Nutzungsinteressen herzustellen. Eine besondere Form der Randzonenentwicklung stellt die Pufferzonenentwicklung dar, die eine Überleitung zwischen geschützten und intensiv genutzten Flächen ermöglicht und die Schutzgebiete vom unerträglichen Nutzungsdruck entlastet. Pufferzonen haben ökologische, soziale und wirtschaftliche Funktion.

Ein Projekt mit Pufferzonenkomponente stellt der Tai-Nationalpark in der Elfenbeinküste dar. Im Rahmen des Programms „Der Mensch und die Biosphäre" der UNESCO wurde der Park im Westen des Landes als Biosphären-Reservat ausgewiesen. Das Förderprojekt hatte jedoch nicht nur die Beteiligung der Umfeldbevölkerung an der Erarbeitung von Schutzstrategien und deren Umsetzung zum Ziel, sondern bezog auch die Verbesserung der landwirtschaftlichen Produktionsbedingungen für die Anrainer ein. Pilotmaßnahmen im Bewässerungsreisanbau, neue agroforstwirtschaftliche Konzepte, bestimmte Anbausysteme, Fischzucht und ein umweltverträglicher „sanfter Tourismus" erschlossen den Anwohnern andere Einkommensquellen. Dadurch ergab sich insgesamt ein von der Anrainerbevölkerung angenommenes und mitgetragenes Schutz- und Nutzungskonzept.

Häufig allerdings fehlen noch gesicherte Kenntnisse darüber, wie eine umweltverträgliche Nutzung in den Pufferzonen erfolgen kann. Deutschland unterstützt daher die Forschungsstation Centro

Humboldt in Venezuela. Das Zentrum, in dem internationale Wissenschaftler tätig sind, hat neben umfangreichen Forschungen in den Bereichen Botanik, Zoologie, Hydrologie und Klimatologie die Aufgabe, Konzepte zur Pufferzonenentwicklung und zum Naturparkmanagement zu erstellen. Im besonderen geht es dabei auch darum, den lokalen Bevölkerungsgruppen ihre Lebensräume zu erhalten und durch Ausweisung von Naturreservaten ihr physisches und kulturelles Überleben zu sichern.

Die Bundesregierung versteht Umweltschutz nicht als Einzelaufgabe, sondern als grundlegende Herausforderung der gesamten Entwicklungszusammenarbeit. Einzelne Maßnahmen reichen nicht aus, um einen umfassenden Schutz der Umwelt zu gewährleisten. Gemeinsam mit anderen Industrieländern beteiligt sich Deutschland daher an dem von der Weltbank zusammen mit afrikanischen Ländern entwickelten Instrument der „Nationalen Umweltaktionspläne (National Environmental Action Plans, EAP)". Unter Beteiligung aller maßgeblichen gesellschaftlichen Gruppen wird dabei eine Analyse der Umweltproblematik des jeweiligen Landes erstellt, auf deren Grundlage dann nationale Prioritäten festgesetzt werden. Auf diese Weise liefert ein nationaler Umweltaktionsplan den Rahmen für die Integration von Umwelt- und Ressourcenschutzaspekten in die wirtschaftliche und soziale Entwicklung eines Landes. Ziel des Plans ist es, einen andauernden Prozeß eigenständiger Umweltplanung und Entscheidungsfindung einzuleiten und institutionell zu verankern, der die Eigenverantwortung des jeweiligen Landes für seine Umwelt- und Ressourcenprobleme stärkt.

Desgleichen müssen auch bei jedem entwicklungspolitischen Vorhaben die besonderen Umstände und Bedingungen analysiert werden. Es gehört daher zum festen Bestandteil der Prüfung aller Projekte der bilateralen Zusammenarbeit, sie auch auf ihre Umweltwirkungen hin abzuschätzen und zu bewerten. Schon vor Beginn eines Projektes müssen die direkten und indirekten Auswirkungen auf die menschliche Gesundheit und die Umwelt untersucht werden, um wenn nötig in Zusammenarbeit mit den Partnerländern Alternativen zu identifizieren oder Schutzmaßnahmen zu ergreifen. Ist die Entscheidung für die Förderung des Vorhabens gefallen, werden die Einhaltung der Schutzmaßnahmen und das Ausmaß der tatsächlichen Umweltbelastung immer wieder überprüft und gegebenenfalls noch während der Umsetzung des Projekts Anpassungen vorgenommen.

Auch für die Entwicklungsländer gilt der Grundsatz, daß langfristiger wirtschaftlicher Fortschritt nicht gegen die Natur, sondern nur in Verbindung mit dem Schutz der natürlichen Umwelt möglich ist. Der Schutz natürlicher Ressourcen darf nicht erst am Ende, sondern muß als Voraussetzung am Anfang jeder dauerhaften Entwicklung stehen. Weltweit muß sich die Erkenntnis durchsetzen, daß Wasser, Luft und Boden keine kostenlosen Güter sind, die zum ungehemmten Verbrauch freigegeben sind. Stets muß uns bewußt sein, daß Wasser, Luft und Boden die existentiellen Grundlagen menschlichen Lebens und der Zukunft der Menschheit sind und bleiben werden.

Bildung

Wenn deine Pläne sich auf ein Jahr beziehen, säe Korn.
Wenn sie sich auf zehn Jahre beziehen, pflanze einen Baum.
Wenn sie sich auf hundert Jahre beziehen, lehre das Volk.

Kuan-tzu
7. Jh. v. Chr.
China

Jeder fünfte Mensch auf der Welt kann weder lesen noch schreiben. Nur jedes zweite Kind in Afrika und Asien und drei von vier Kindern in Lateinamerika gehen zur Schule. Viele Entwicklungsländer sind immer weniger in der Lage, die hohen Kosten des Bildungswesens aufzubringen. Eine gute schulische Ausbildung aber ist eine der wichtigsten Voraussetzungen für eine nachhaltige Entwicklung aus eigener Kraft. Der Ausbildungsstand vor allem der jungen Menschen ist für die Zukunftschancen einer Gesellschaft von ausschlaggebender Bedeutung. Investitionen in Bildungsmaßnahmen erfüllen daher eine Schlüsselfunktion, denn um überhaupt Hilfe zu einer wirksamen Selbsthilfe leisten zu können, kommt es in erster Linie darauf an, die Menschen zu qualifizieren und in die Lage zu versetzen, sich selbst zu helfen. Ausgebildete Menschen stellen für die Entwicklung eines Landes das wichtigste Kapital dar. Studien der Weltbank zeigen, daß bereits eine vierjährige Schulbildung die Produktivität von kleinen landwirtschaftlichen Betrieben erhöht.

Die Bundesregierung hat die Förderung von Aus- und Fortbildung zu einem eigenen und herausragenden Schwerpunkt ihrer Entwicklungszusammenarbeit gemacht. Gemäß unserem Grundsatz, den Menschen in den Mittelpunkt unserer Entwicklungspolitik zu stellen, betrachten wir es als eine unserer wichtigsten Aufgaben, verstärkt in den Menschen und seine schöpferischen Kräfte zu investieren. Insbesondere liegt uns daran, den Mädchen und Frauen, bei denen ein Großteil des Potentials für Entwicklung liegt, den Zugang zu Bildungsmaßnahmen zu erleichtern.

Die Förderung der Grundbildung dient der Verwirklichung des Menschenrechts auf Bildung

Von zentraler Bedeutung für den Fortschritt in den Entwicklungsländern ist die Grundbildung. Sie trägt zur Erhöhung des Selbstbewußtseins und der Eigenständigkeit bei, fördert die Lernfähigkeit und stärkt die Motivation zum Weiterlernen. Sie legt das Fundament, auf dem jede weitere Bildung aufbaut und schafft die Basis für die spätere berufliche Qualifizierung. Die Förderung der Grundbildung bleibt daher eine vorrangige Aufgabe im Rahmen der nationalen Entwicklungspolitik unserer Partnerländer. Ziel unserer Entwicklungszusammenarbeit ist es, die Entwicklungsländer dazu zu bewegen, daß sie im Rahmen struktureller Reformen der öffentlichen Haushalte dem Grundbildungssektor verstärktes Gewicht beimessen. Die Mehrheit der Kinder in den Entwicklungsländern besucht nach der Primarschule keine weiterführende Schule. Es ist daher erforderlich, ihnen bereits in dieser Schulstufe Kenntnisse und Fähigkeiten zu vermitteln, mit denen sie in ihrer unmittelbaren Lebenswelt zur Verbesserung der Lebensbedingungen beitragen können. Dazu gehört auch die Einbeziehung des Umweltaspekts.

Die wesentlichen Probleme der Schulsysteme in den Entwicklungsländern liegen in den schwachen Schulverwaltungen, der geringen und unregelmäßigen Bezahlung des Lehrkörpers, der mangelhaften Qualifikation der Ausbilder, der unzureichenden Infrastruktur, dem fehlenden Lehrmaterial und den Bildungsinhalten, die vielfach nicht den Entwicklungserfordernissen entsprechen.

Um ein wirksames Förderkonzept zu entwerfen, müssen zunächst jeweils die länderspezifischen Mängel ermittelt und entsprechende Schwerpunkte gesetzt werden. Das Bundesministerium für wirtschaftliche Zusammenarbeit und Entwicklung hat hierfür einen Leitfaden zur Erstellung von Sektoranalysen im gesamten Bildungsbereich erarbeitet. Im Rahmen der Entwicklungszusammenarbeit helfen wir den Ländern bei der Erstellung von Sektorprogrammen zur Verbesserung der Grundbildung durch gezielte Beratungs- und Fördermaßnahmen. Finanziert werden nicht nur Schulbauten und Ausrüstungslieferungen, sondern auch die Ausarbeitung sektoraler Pläne zur qualitativen Verbesserung der Grundbildung.

Ein Projekt, das neben der Förderung der Grundbildung auch einen Beitrag zur Erhaltung der traditionellen Sprache und Kultur leisten soll, ist das Vorhaben „Interkulturelle mehrsprachige Erziehung in Afrika". In ihm werden die in Lateinamerika gesammelten Erfahrungen mit zweisprachiger Erziehung für die Förderung des muttersprachlichen Unterrichts und die Heranführung der Schüler an die geltende Verkehrssprache in Afrika genutzt.

Um auch jenen Jugendlichen und Erwachsenen, die aus wirtschaftlicher Not keine Schule besuchten oder den Schulbesuch vorzeitig abbrechen mußten, einen Zugang zu Bildungseinrichtungen zu ermöglichen, hat die Bundesregierung ihren Förderungsansatz erweitert und bezieht verstärkt außerschulische Bildungsprogramme ein. So unterstützt sie zum Beispiel Alphabetisierungsprogramme im östlichen und südlichen Afrika.

Die Förderung der beruflichen Bildung trägt zum Aufbau einer leistungsfähigen Wirtschaft bei

Die berufliche Bildung ist eine Investition in den erwerbsfähigen Menschen. Der einzelne wird befähigt, Einkommen zu erwirtschaften und damit sich und seiner Familie eine Zukunft in seiner Heimat aufzubauen. Langfristig wird sich auf der Basis eines soliden Ausbildungswesens der dringend benötigte Mittelstand entwickeln, der den Schlüssel zu weit verbreitetem Wohlstand bildet. Aus diesem Grunde stellt die berufliche Bildung den Schwerpunkt der gesamten Bildungshilfe dar.

Aufgabe von Fördermaßnahmen in diesem Bereich ist es, unterschiedliche Aus- und Fortbildungskonzepte zu entwickeln und umzusetzen. Sie müssen sowohl für den Bedarf des modernen Wirtschaftsbereichs geeignet sein, als auch für den handwerklichen Mittel-, Klein- und Kleinstunternehmen, und auch die Lage von Menschen berücksichtigen, die auf absehbare Zeit nicht in das moderne Wirtschafts- und Sozialgefüge integriert werden können oder wollen und im informellen Sektor verbleiben. Dabei geht es auch hier darum, verstärkt die Lernwünsche von Mädchen und Frauen zu berücksichtigen, damit diese ihre bedeutsame Rolle im wirtschaftlichen und sozialen Leben besser ausfüllen können.

Die Grundlage der Förderung bildet eine breit angelegte Sektoranalyse, die in Zusammenarbeit mit den einzelnen Partnerländern erarbeitet wird. Bei der Erstellung von Förderkonzepten der beruflichen Bildung legt die Bundesregierung besonderes Gewicht auf einen integrierten Projektansatz, der etwa durch Gewerbeförderungsmaßnahmen gleichzeitig das wirtschaftliche und soziale Umfeld einbezieht. Vermehrt unterstützt die deutsche Entwicklungszusammenarbeit Bildungseinrichtungen in Technologiezentren, die zum einen ausbilden und zum anderen den umliegenden Betrieben technische Dienstleistungen anbieten können.

Grundsätzlich wird versucht, auf die örtlichen Gegebenheiten angepaßte Konzepte zu entwickeln und zu erproben. Die Ausbildungsinstitution muß in die Lage versetzt werden, einen gewissen Finanzierungsbeitrag zu den laufenden Ausbildungskosten zu erwirtschaften. Beispielgebend ist hier ein industrielles Ausbildungs- und Prüfungszentrum in Botswana (MTTC), das Wirtschafts- und Ausbildungsförderung auf vorbildliche Weise verbindet. Ziel des Projektes ist es, Fachkräfte auszubilden, um eine möglichst dynamische Wirtschaftsentwicklung zu ermöglichen und ausländische Fachkräfte durch gut ausgebildete botswanische zu ersetzen. Der deutsche Beitrag umfaßt unter anderem die Ausrüstung der Werkstätten sowie die Finanzierung von Aus- und Fortbildungsmaßnahmen für lokale Fachkräfte. Mittlerweile beteiligen sich bereits mehrere hundert Betriebe am dualen Ausbildungsprogramm.

Die Förderung der beruflichen Bildung soll einerseits dazu beitragen, den Bedarf an fachlich qualifiziertem Personal zu decken und andererseits Einkommens- und Beschäftigungsmöglichkeiten für die Auszubildenden zu eröffnen. Ein praxisorientiertes Berufsbildungswesen, das die betroffenen Personengruppen, Institutionen und die Organisationen insbesondere der Arbeitgeber und Arbeitnehmer an der Planung, Durchführung und Finanzierung der Berufsbildungsmaßnahmen beteiligt, erscheint im Hinblick auf die Verwirklichung dieser zweifachen Zielsetzung besonders erfolgversprechend.

Zahlreiche Länder bitten gerade Deutschland, bei der Einrichtung ihres Ausbildungswesens zu helfen. Sie orientieren sich an unserem bewährten dualen Ausbildungssystem. Duale Ausbildungsstrukturen lassen sich in den Entwicklungsländern allerdings nur dann verwirklichen, wenn eine breite industrielle und handwerkliche Wirtschaftsstruktur gegeben ist und verbandliche Strukturen existieren, deren Mitglieder bereit und in der Lage sind, selbst in ihren Betrieben auszubilden. Auch darf das vorhandene staatliche Bildungswesen nicht von rein schulischen Bildungsformen dominiert werden. Die Bildungsinstitutionen müssen bereit sein, mit der Wirtschaft zusammenzuarbeiten, da für ein duales Bildungssystem Lehr- und Ausbildungsverträge erforderlich sind. Günstige Voraussetzungen sind insbesondere dort gegeben, wo bereits traditionelle Lehrverhältnisse existieren.

Anläßlich einer Begegnung von Staatspräsident Mubarak und Bundeskanzler Kohl wurde eine sogenannte Kohl-Mubarak-Initiative zur Einführung des dualen Ausbildungssystems in Ägypten vereinbart.

Auch für China wird gegenwärtig an der Fortschreibung eines umfassenden Konzepts zur Einführung des dualen Ausbildungssystems gearbeitet. Diese Initiative geht ebenfalls auf eine gemeinsame Anregung Bundeskanzler Kohls und des chinesischen Ministerpräsidenten Li Peng aus dem Jahr 1993 zurück. China befindet sich derzeit in einem gewaltigen Umstrukturierungsprozeß und kämpft mit hoher Arbeitslosigkeit. Die chinesische Regierung forciert daher den Ausbau des Bildungsbereichs, um den durch den Abbau des staatlichen Sektors freigesetzten Arbeitskräften neue Beschäftigungschancen in der expandierenden Privatwirtschaft zu eröffnen.

Die Bundesregierung mißt der beruflichen Bildung innerhalb ihrer Bildungszusammenarbeit einen hohen Stellenwert bei, denn berufliche Bildung nützt nicht nur dem einzelnen, sondern auch den Betrieben, der Wirtschaft und der Gesellschaft insgesamt. Sie eröffnet Wege zu wirtschaftlich erfolgreichem Handeln und bildet die Basis für Wohlstand, Vermögensbildung und Beschäftigung. Eine tragfähige privatwirtschaftliche Entwicklung bedarf neben qualifizierten Unternehmern und Managern, Technikern und Ingenieuren auch fachlich vorbereiteter Arbeitskräfte, die in der Lage sind, sowohl die lokalen als auch die internationalen Märkte mit ihren Produkten und Dienstleistungen zu bedienen.

Die Förderung des Hochschulwesens konzentriert sich auf die Stärkung entwicklungsrelevanter Fachbereiche

Die deutsche Hilfe für Hochschulen in den Entwicklungsländern zielt vor allem auf die Konsolidierung und Qualifizierung der bestehenden Kapazitäten ab. Beim Ausbau des Hochschulsektors in den vergangenen Entwicklungsdekaden wurden oft überproportional viele Akademiker ausgebildet, ohne den Bedarf der Wirtschaft ausreichend zu berücksichtigen. Dadurch wurden die Finanzkraft des Staates und die Absorptionsfähigkeit des Arbeitsmarktes überfordert. Eine Umorientierung zugunsten beruflicher Ausbildung ist daher dringend gefordert, denn eine Akademikerschwemme in den Entwicklungsländern führt zur Abwanderung der Akademiker in Industrieländer und damit zu einem Verlust an intellektuellem Potential in den Entwicklungsländern.

Die deutsche Hilfe konzentriert sich insbesondere auf die Stärkung des Entwicklungsbeitrags der Universitäten. In diesem Sinne soll die Dienstleistungs- und Beratungsfunktion der Hochschulen so verstärkt werden, daß ihre Erkenntnisse für den wirtschaftlichen Aufbau genutzt werden können. In der Lehre muß sowohl auf Ausbildungsinhalte wie auf Abschlüsse geachtet werden, die die Studenten direkt auf die berufliche Tätigkeit vorbereiten. Gefördert werden daher vor allem entwicklungsrelevante Fachbereiche wie Ingenieurwissenschaften, Naturwissenschaften sowie Land- und Forstwissenschaften. Hier liegt auch der größte Förderungsbedarf, da diese Fächer wegen der hohen Kosten der technischen Ausstattung noch wenig entwickelt sind.

Einen neuen fachlichen Schwerpunkt der Technischen Zusammenarbeit bilden Umweltschutz und

Ökologie. Diese für die Entwicklung der Länder wichtigen Bereiche müssen auch in die Hochschulen Eingang finden, denn für eine konsequente nationale Umweltpolitik sind Fachleute unverzichtbar. Damit Umwelt- und Ressourcenschutz zu einem selbstverständlichen Bestandteil ihres wirtschaftlichen und technischen Aufbaus wird, müssen die Länder selbst in der Lage sein, standortgerechte Umwelttechnologien zu entwickeln und Umwelttechniker auszubilden. Die Bundesregierung fördert daher die Schaffung von Forschungseinrichtungen in diesen Bereichen.

In Brasilien etwa wird an der Bundesuniversität von Minas Gerais die Umweltverfahrenstechnik mit dem Schwerpunkt Entsorgungstechnologien für die Hüttenindustrie gefördert. In Mexiko City geht es in einem Projekt an der Nationaluniversität um die Entsorgung toxischer Rückstände aus chemischen Laboratorien und um die Entwicklung neuer Studienangebote zu Vermeidungstechnologien. An der Universität Mayor de San Andreas wird das Ökologie-Institut unterstützt, das sich mittlerweile zur führenden Beratungsinstitution Boliviens entwickelt hat. In Grund- und Aufbaustudiengängen werden an diesem Institut Fachkräfte für den Umwelt- und Ressourcenschutz ausgebildet sowie grundlagen- und anwendungsbezogene Forschungen betrieben. Auch in Chile gibt es einen interessanten Projektansatz, bei dem es um die Verbindung von Regionalplanung mit Umwelt- und Ressourcenschutz geht. In Indien ist geplant, an der Anna

Universität ein Zentrum für Umwelttechnologie zu fördern.

Auch in den Agrarwissenschaften müssen die Universitäten die Fragen des Umweltschutzes stärker berücksichtigen und entsprechende Forschungsaktivitäten entwickeln. An der Landwirtschaftlichen Hochschule „Escuela Agricultura Panamericana (EAP)“ in Honduras und am „Visaya State College of Agriculture“ auf den Philippinen werden die bestehenden traditionellen landwirtschaftlichen Ausbildungsgänge mit Lehrinhalten zum Thema Umweltschutz angereichert. Darüber hinaus wird am EAP ein Aufbaustudiengang für den Bereich „Bewirtschaftung natürlicher erneuerbarer Ressourcen“ eingerichtet, während das Visaya State College die Schaffung eines interdisziplinären Zentrums für Tropenökologie anstrebt. Dieses Vorhaben ist besonders begrüßenswert, da in der Tropenökologie-Forschung noch viele Lücken vorhanden sind. Gerade in den tropischen Zonen ist es bei vielen Projekten schwer, Auswirkungen auf das Ökosystem abzuschätzen oder vorherzusagen. Forschungen in diesem Bereich sind daher für eine große Anzahl von Ländern von Bedeutung. Dasselbe gilt für Vorhaben der Tropenwaldforschung. An der Forstwirtschaftlichen Fakultät der indonesischen Universität Samarinda wird deshalb zum Beispiel ein Projekt entworfen, das der Tropenwalderhaltung dienen soll.

Fortbildungsmaßnahmen sichern den Erfolg von Entwicklungsprojekten

Neben der Förderung der Grund- und Ausbildung sind Fortbildungsprogramme ein wesentlicher Bestandteil vieler Vorhaben der Technischen Zusammenarbeit. Denn Entwicklungsprojekte können nur erfolgreich sein, wenn die betroffenen Menschen umfassend an ihnen teilnehmen und in der Lage sind, sie nach Beendigung der Zusammenarbeit eigenständig fortzuführen. Das setzt voraus, daß sie während der Zeit der Zusammenarbeit die nötigen fachlichen Kenntnisse erwerben. Die Bundesregierung fördert daher im Rahmen von Projekten auch Fortbildungsmaßnahmen und unterstützt den Auf- und Ausbau von Bildungseinrichtungen.

So werden etwa in Thailand im Zuge der Errichtung von Biogas-Anlagen zur umweltfreundlichen Energiegewinnung örtliche Handwerker darin ausgebildet, die Anlagen zu bauen und zu warten. Im brasilianischen Bundesstaat Parana arbeiten Deutsche und Brasilianer zusammen, um eine Behörde aufzubauen und mit fachlichen Kompetenzen auszustatten, die sich mit den Umweltauswirkungen von Wasserkraftprojekten befaßt. Die Nutzung von Wasserkraft ist für Parana aufgrund der geographischen Gegebenheiten von besonderer Bedeutung. Deutschland hilft dabei mit, indem es finanzielle Mittel für die Qualifikation einheimischer Mitarbeiter für die Tätigkeit in der Behörde zur Verfügung stellt.

Aber auch unabhängig von einzelnen Projekten besteht in den Entwicklungsländern ein Bedarf an fortgebildeten Kräften. Dies gilt ganz besonders für den Bereich des Umweltschutzes. Es gilt, vor allem unter den jungen Menschen ein ökologisches Problembewußtsein zu schaffen. Darüber hinaus muß verstärkt an der Entwicklung neuer Lösungsansätze gearbeitet werden, die den speziellen Belangen des Umweltschutzes in den Entwicklungsländern Rechnung tragen.

Um einer großen Anzahl von Menschen die Möglichkeit zu geben, die Problematik von Natur- und Umweltschutz kennenzulernen, haben wir zum Beispiel in Namibia die Errichtung des „Namibia Animal Rehabilitation and Research Center (NARREC)" gefördert. Dieses professionell ausgerichtete Informations- und Erziehungszentrum setzt sich zum Ziel,das Bewußtsein und die Verantwortung gerade der Jugendlichen in Fragen des Natur- und Umweltschutzes zu wecken und aktiv Rehabilitierungsmaßnahmen zum Schutz gefährdeter Tierarten durchzuführen.

In Indien wurde im Rahmen des halbstaatlichen „National Productivity Council (NPC)", der für die Beratung der Mittel- und Kleinindustrie zuständig ist, eine Umweltschutzabteilung eingerichtet. Die Bundesregierung entsandte Fachkräfte nach Indien, die beim Aufbau der Behörde und bei der Ausbildung von Fachkräften halfen. Das Projekt konzentrierte sich zu Beginn darauf, im Großraum Neu Dehli Maßnahmen zur Reinhaltung von Luft und Wasser einzurichten. Inzwischen wurden Labors und Arbeitseinheiten in Madras, Calcutta und Bombay eröffnet. Künftig soll die Beratung auf den Bereich Sonderabfälle ausgedehnt werden.

Nach Angaben der Weltbank übersteigen die privaten und sozialen Ertragsraten von Investitionen im Bildungssektor generell diejenigen von Investitionen in anderen Sektoren. Bildungsmaßnahmen spielen in allen Bereichen der Entwicklungszusammenarbeit eine wichtige Rolle. Sie schaffen wesentliche Voraussetzungen für die Bekämpfung der Armut, für einen verantwortungsvollen Umgang mit der Natur sowie für ein friedliches und konstruktives Zusammenleben der Menschen im Staat. Der Förderung der Bildung kommt daher ein kaum zu überschätzendes Gewicht zu, wenn es gilt, den Kreislauf aus Armut und Unterentwicklung zu durchbrechen und zur Verbesserung der wirtschaftlichen und sozialen Lage der Menschen in den Entwicklungsländern beizutragen.

Familienplanung

Ich verstand, daß die Ehefrau nicht die Sklavin des Ehemannes ist, sondern seine Begleiterin und seine Mitarbeiterin und eine Verbündete, die ebenfalls alle seine Freuden und Nöte mit ihm teilt, die ebenso frei ist wie ihr Gatte, ihren eigenen Weg zu wählen

Mahatma Gandhi
(1869–1948)

Derzeit leben rund 5,5 Milliarden Menschen auf der Erde. Täglich werden etwa 250 000 Kinder geboren, so daß im Jahr 2000 rund eine Milliarde Menschen mehr als gegenwärtig auf der Erde leben werden. Dieser Zuwachs wird fast ausschließlich in den Entwicklungsländern stattfinden. Am meisten von dem Problem der Überbevölkerung betroffen sind die Länder Subsahara-Afrikas. Asien ist zwar immer noch am dichtesten besiedelt, aber Afrika ist der Kontinent mit dem schnellsten Bevölkerungswachstum und hat die niedrigste Altersstruktur aufzuweisen.

Die Ursachen für das hohe und schnelle Bevölkerungswachstum sind vielschichtig. Zum einen sind die Bevölkerungsgröße der Welt mit 5,5 Milliarden sowie der Anteil der Jugendlichen daran heute höher als je zuvor, so daß auch bei sinkenden Fruchtbarkeitsziffern die Zahl der Geburten weiterhin höher als in der Vergangenheit bleibt. Zum anderen ist aufgrund der verbesserten gesundheitlichen und hygienischen Verhältnisse die Sterblichkeit zurückgegangen. Impfprogramme sowie die Verfügbarkeit von Antibiotika senkten vor allem die Sterblichkeitsrate von Säuglingen und Kindern. Die Geburtenrate aber ist nicht im selben Maße gefallen, sondern nahezu gleich geblieben. Die Gründe dafür sind häufig in den Folgen der Armut zu suchen.

Durch ihre schlechte wirtschaftliche und soziale Lage sowie das Fehlen sozialer Sicherungssysteme werden die Menschen in den Entwicklungsländern veranlaßt, möglichst viele Kinder zu haben, die ihnen bei der Arbeit helfen und sie im Alter versorgen. Auch schlechte Gesundheitsverhältnisse und eine niedere Lebenserwartung veranlaßt Eltern, viele Kinder in die Welt zu setzen. Wo die Kindersterblichkeit hoch ist, neigen Eltern dazu, für möglichst viele Nachkommen zu sorgen, um das Überleben einer Mindestzahl zu sichern. Hinzu kommt die niedere gesellschaftliche Stellung der Frauen in zahlreichen Entwicklungsländern. In patriarchalischen Strukturen, die die Frauen auf eine dienende Rolle im Haushalt festlegen, besitzen Frauen kein Mitspracherecht bei der Familienplanung.

Das starke Bevölkerungswachstum vervielfacht die Probleme der Entwicklungsländer

Die Verminderung des Bevölkerungswachstums spielt für die Überlebensfähigkeit der Entwicklungsländer in sozialer, wirtschaftlicher und ökologischer Hinsicht eine entscheidende Rolle. Gerade in den ärmsten Ländern müssen wegen des großen Bevölkerungswachstums immer mehr Nahrungsmittel, Ausbildungs- und Arbeitsplätze, Gesundheitseinrichtungen, Schulen und Wohnungen zur Verfügung gestellt werden. Das große Bevölkerungswachstum führt wegen der notwendigen Versorgung der Bevölkerung mit Nahrungsmitteln, Wasser und Energie auch zu einer übermäßigen Inanspruchnahme der natürlichen Ressourcen. Damit gefährden diese Länder nicht nur ihre Umwelt, sondern zerstören sich selbst die Basis ihrer Entwicklung. In anderen Ländern wird mit Mühe erreichter wirtschaftlicher und sozialer Fortschritt wieder aufgezehrt.

Der steigende Bevölkerungsdruck trägt auch dazu bei, daß sich die Probleme des Städtewachstums und der Landflucht, die bereits beängstigende Ausmaße angenommen haben, noch weiter verschärfen. Es ist davon auszugehen, daß im Jahr 2000 mindestens vierzig Prozent der Bevölkerung in den Entwicklungsländern in Städten wohnen werden. Die daraus resultierenden Konflikte stellen eine erhebliche Gefahr für die soziale und politische Stabilität der Entwicklungsländer dar. Außerdem steht der hohe

Bevölkerungsdruck hinter den unkontrollierten Wanderungsbewegungen über die Grenzen hinweg. Dies kann auch zukünftig zum Auslöser außenpolitischer Konflikte werden, die den Weltfrieden gefährden.

Bevölkerungspolitische Maßnahmen dürfen nicht die Würde des Menschen verletzen

Mit dem Ziel, die Ungleichgewichte zwischen der Bevölkerungszahl und den zur Verfügung stehenden Ressourcen zu verringern und den Menschen in den Entwicklungsländern ein Leben auf menschenwürdigem Niveau zu ermöglichen, unterstützt die Bundesregierung im Rahmen ihrer multilateralen und bilateralen Entwicklungszusammenarbeit bevölkerungspolitische Maßnahmen. Oberstes Prinzip der Förderung in diesem Bereich ist es jedoch, daß alle Maßnahmen auf der Freiwilligkeit der Betroffenen beruhen und die Menschenwürde wahren. Das bedeutet den Ausschluß von Abtreibungen oder Zwangssterilisierungen als Mittel der Familienplanung. Wir lehnen es ebenfalls ab, materielle Anreize für Familienplanung wie etwa Geldprämien zu gewähren, soweit sie bei existentieller Not der Zielgruppen deren Entscheidungsfreiheit beeinträchtigen.

In den von uns unterstützten Programmen zur Familienplanung stehen Aufklärung und Beratung im Vordergrund. Es geht darum, Männer und Frauen über die Möglichkeiten der Familienplanung zu informieren und zur Erhöhung der Akzeptanz von modernen und natürlichen Methoden und Mitteln der Familienplanung beizutragen. Daten der Weltbank zeigen, daß zwischen zwei Drittel und drei Viertel des Rückgangs der Geburtenrate in Indonesien, Indien, Bangladesh, Brasilien, Kolumbien, Mexiko, Kenia, Senegal und Thailand auf den vermehrten Gebrauch moderner Empfängnisverhütung zurückzuführen ist. Das heißt, bereits durch die Vermeidung unerwünschter Schwangerschaften läßt sich eine Senkung der Geburtenraten herbeiführen. Bei Beratungsmaßnahmen allein bleibt es nicht. Wo erforderlich, helfen wir auch durch die Lieferung empfängnisverhütender Mittel.

Besonders bewährt hat sich die Verbindung von Familienplanungsmaßnahmen mit Vorhaben des Gesundheitswesens, weil auf diese Weise eine medizinische Beratung und Betreuung gewährleistet werden kann. Die Bundesregierung fördert daher Maßnahmen im Bereich der Gesundheitsvorsorge. Hierzu gehören unter anderem die Unterstützung beim Auf- und Ausbau von Gesundheitssystemen, die Bereitstellung von Mutter-Kind-Fürsorgediensten sowie die Ausbildung von Gesundheitspersonal. Ist ein ausreichendes Gesundheitssystem vorhanden, das den Eltern das Überleben ihrer Kinder sichert, werden diese auch weniger Kinder zeugen, denn überall auf der Welt ist den Menschen nicht in erster Linie an der Anzahl neugeborener Babys, sondern an überlebenden Nachkommen gelegen. Ein funktionierendes Gesundheitssystem trägt daher mit zur langfristigen Senkung der Geburtenrate bei.

Im Rahmen ihrer multilateralen Zusammenarbeit kooperiert Deutschland in der Bevölkerungspolitik vor allem mit Organisationen, deren Arbeitsschwerpunkt in diesem Bereich liegt. Sie finanziert jährlich freiwillige Beiträge und Zuwendungen an den Bevölkerungsfonds der Vereinten Nationen (United Nations Fund for Population Activities, UNFPA), die „Internationale Vereinigung für geplante Elternschaft (International Planned Parenthood Federation, IPPF)", eine Dachorganisation privater Familienplanungsvereinigungen in der Welt, sowie an das „Sonderprogramm der Gesundheitsorganisation für Forschung, Entwicklung und Forschungsausbildung über menschliche Fortpflanzung (Special Programme of Research, Development and Research Training in Human Reproduction, HRP)". Ferner beteiligt sie sich an der Finanzierung von Weltbank und UNICEF, die unter anderem auch bevölkerungspolitische Maßnahmen in Entwicklungsländern durchführen.

Familienplanung ist nicht nur Frauensache

Bevölkerungspolitische Maßnahmen können sonstige entwicklungspolitische Anstrengungen nicht ersetzen, diese aber sinnvoll ergänzen. Eine erfolgreiche Entwicklungspolitik begünstigt die Wirksamkeit bevölkerungspolitischer Programme. Die internationale Erfahrung zeigt, daß Maßnahmen, die zu einer Verbesserung des sozialen und wirtschaftlichen Umfeldes führen, auch zu einer Senkung der Geburtenhäufigkeit beitragen. Aufgrund dieser Verflechtung der Ursachen des Bevölkerungswachstums muß eine wirksame Bevölkerungspolitik daher an mehreren Punkten gleichzeitig ansetzen. Viele von der Bundesregierung geförderte Projekte enthalten bevölkerungspolitische Komponenten oder sind so ausgerichtet, daß sie langfristig zu einer Senkung der Geburtenzahlen beitragen. Dies gilt für alle Projekte im Bereich der Armutsbekämpfung. Die Problembereiche Armut und hohe Geburtenraten sind eng miteinander verzahnt. Hohes Bevölkerungswachstum verstärkt nicht nur die Armutsproblematik, sondern auch umgekehrt trägt Armut zur Erhöhung des Bevölkerungswachstums bei. Strukturelle Reformen im Bereich der Armutsbekämpfung tragen daher indirekt auch zur Senkung der Geburtenziffer bei.

Dasselbe trifft für Vorhaben im Bereich der Bildung zu. Analysen zeigen, daß Frauen mit mehr als vier Jahren Schulbildung etwa ein Drittel weniger Kinder haben als Frauen, die nicht lesen und schreiben können. Die Sterblichkeitsrate ihrer Kinder ist außerdem nur halb so hoch ist. Auch das World Watch Institute betont in seinem 11. Bericht zur „Lage der Welt“, daß es für eine erfolgreiche Verminderung der Fruchtbarkeitsrate kein besseres Rezept gebe als die Erziehung und Ausbildung der Mädchen und jüngeren Frauen. Wenn Frauen die

Möglichkeit geboten wird, eine längere Ausbildungsphase zu durchlaufen, steigt nicht nur ihr Heiratsalter, sondern sie erhalten auch eine stärkere Position bei der Entscheidungsfindung in der Familie. Diese gibt ihnen die Möglichkeit, sich in der Diskussion über die Anzahl und zeitliche Aufeinanderfolge der Kinder gegen ihren Mann besser durchzusetzen.

Die wichtigste Grundlage für eine erfolgreiche Familienplanung aber ist ein partnerschaftliches Verhältnis zwischen Mann und Frau. In einer von Männern dominierten Gesellschaft, die die Frauen zu permanenter sexueller Verfügbarkeit zwingt und sie zum Objekt einseitigen sexuellen Lustgewinns degradiert, kann Familienplanung nicht stattfinden. Nur wenn beide Partner sich in gleicher Weise für die Empfängnisverhütung verantwortlich fühlen und die Männer diese Aufgabe nicht allein an die Frauen delegieren, ist eine verantwortungsbewußte Familienplanung möglich.

Frauenförderung

Die Länder, wo die Frauen geehrt werden, sind von den Göttern bewohnt.

Manusmriti III.
Hindi-Überlieferung
Sanskrit

Frauen kommt für den gesamten Entwicklungsprozeß eines Landes eine Schlüsselrolle zu. Sie nehmen nicht nur in der Hauswirtschaft, Kindererziehung, Gesundheit und Familienplanung eine wichtige Position ein, sondern auch in der Landwirtschaft, der Energie- und Wasserversorgung, im Handwerk, Handel sowie in der modernen Industrieproduktion. In Afrika erwirtschaften Frauen schätzungsweise drei Viertel der Nahrungsmittelproduktion, in Asien sind es mehr als ein Drittel und in Lateinamerika mehr als die Hälfte. Frauen sind verantwortlich für den Lebensunterhalt der Familie und die Erziehung der Kinder. Weltweit sind bereits mehr als ein Drittel der Haushaltsvorstände Frauen, in einigen Entwicklungsländern liegt ihr Anteil bereits über fünfzig Prozent. Dennoch sind Frauen in den meisten Entwicklungsländern wirtschaftlich, sozial, rechtlich und politisch benachteiligt. Ihr Zugang zu Bildung, Land und Krediten ist begrenzt und ihre Mitwirkung an wirtschaftlichen und politischen Entwicklungsprozessen erschwert.

Frauen sollen gleichberechtigt an der Entwicklung ihrer Länder teilnehmen

Die Förderung von Frauen ist für die Bundesregierung eine Querschnittsaufgabe der Entwicklungszusammenarbeit. Das heißt: Bei allen Projekten und Programmen der Entwicklungsförderung sind Frauen mit ihren Interessen zu berücksichtigen. Ziel ist es, Frauen angemessen am Nutzen aller Vorhaben zu beteiligen, nachteilige Auswirkungen auf Frauen zu vermeiden und vorgefundene Benachteiligungen von Frauen durch gezielte Förderungsmaßnahmen abzubauen. Bereits bei der Planung ist darauf zu achten, wie weit das jeweilige Vorhaben den Interessen der Frauen zugute kommt. Denn nur wenn Frauen bei der Planung von Projekten hinreichend berücksichtigt sind, besteht die Chance, daß sie auch bei der Durchführung beachtet und nicht vergessen werden.

Zu diesem Zweck wurde bereits 1988 im Bundesministerium für wirtschaftliche Zusammenarbeit und Entwicklung ein eigenes Referat für Frauen- und Familienangelegenheiten eingerichtet und mit entsprechenden Kompetenzen versehen. Das Referat nimmt eine Querschnittsaufgabe wahr. Es hat das Frauenförderkonzept fortgeschrieben und auf Problembereiche wie Umwelt, informeller und moderner industrieller Sektor oder die Rechtsstellung der Frauen erweitert. Es ergänzt die administrativen Planungs-, Prüfungs-, Steuerungs- und Evaluierungsverfahren sowie die Konzepte anderer Sektoren um frauenbezogene Kriterien und steht in engem Dialog mit den Durchführungsorganisationen der Technischen Zusammenarbeit, der Finanziellen Zusammenarbeit sowie den multilateralen Organisationen und Nichtregierungsorganisationen. Ferner plant und steuert es die Pilotprojekte zur Frauenförderung.

Frauen brauchen Arbeitserleichterungen

Maßnahmen zur Förderung von Frauen sind vor allem in jenen Bereichen wichtig, in denen Frauen einen beträchtlichen Teil der Arbeitslast tragen und in verstärktem Maße benachteiligt sind. Dies gilt ganz besonders für die Landwirtschaft und die ländliche Entwicklung. Hier gilt es, Projekte zu fördern, die den Frauen die tägliche „Hausarbeit" erleichtern und sie in die Lage versetzen, sich um die Erziehung ihrer Kinder zu kümmern, sich zu erholen und zum Beispiel in der Landwirtschaft ein eigenes Einkommen zu erwirtschaften. Die tägliche Hausarbeit erfordert in manchen ländlichen Gebieten der Entwicklungsländer den Großteil des Tages und ist extrem kraftraubend. Die Frauen müssen weite Strecken zurücklegen, um Holz zu sammeln und Wasser zu holen.

Die Bundesregierung unterstützt zum Beispiel ein Projekt zur Errichtung von Brunnen mit Handpumpen in Burkina Faso. Ziel des Projekts ist es, die Frauen von den weiten Wegen zu den zentralen

Wasserstellen zu entlasten und die Dörfer mit sauberem Trinkwasser zu versorgen. Um die andauernde Funktionsfähigkeit der Brunnen zu gewährleisten, wurde ein umfassendes Betriebs- und Wartungskonzept auf Selbsthilfebasis ausgearbeitet. Jedes Dorf, in dem ein Brunnen gebohrt werden sollte, mußte zuerst ein „Brunnenkomitee“ wählen, welches für das Funktionieren und die Reinhaltung der Anlage verantwortlich ist.

Einem ähnlichen Ansatz folgt das Projekt „Frauen und Energie“ in Kenia. Um den Frauen die mühselige, zeitraubende Arbeit des Holzsammelns für die Zubereitung der täglichen Nahrung zu erleichtern, wurden neue holzsparende und damit auch umweltschonende Herde entwickelt, die die Frauen selbst bauen, warten und reparieren können. Zugleich wurden die Frauen angeleitet, eigene Bäume auf ihren Farmen zu pflanzen und damit die Transportwege für die Beschaffung des Brennholzes zu verkürzen.

Aber nicht nur Projekte, die zur Arbeitserleichterung der Frauen im ländlichen Sektor beitragen, gilt es zu fördern. Jeder Eingriff in die Strukturen der ländlichen Wirtschaft betrifft die Frauen direkt und muß durch entsprechende Begleitprogramme gestützt werden. Eröffnen sich neue Arbeitsbereiche für Männer, wie beispielsweise der Marktfrüchteanbau, so hat dies gravierende Auswirkungen auf die für die Selbstversorgung verfügbaren Arbeitskräfte und auf die geschlechterspezifische Arbeitsteilung. Werden traditionelle „Frauentätigkeiten“ im Rahmen der Entwicklungszusammenarbeit in moderne „Männerberufe" verwandelt, so führt dies zur Verdrängung von Frauen aus angestammten Bereichen und hat für sie den Verlust ihrer Einkommensquelle zur Folge.

Ein eigenes Einkommen ist für Frauen in den Entwicklungsländern eine Überlebensnotwendigkeit

Den Frauen in den Entwicklungsländern muß die Möglichkeit eröffnet werden, ein eigenes Einkommen zu erwirtschaften. Vor allem in städtischen Slumgebieten, in denen die Zahl der weiblichen Haushaltsvorstände besonders hoch ist, sind die Frauen völlig allein für sich und die Existenz ihrer Kinder verantwortlich. Damit sie einer eigenen Erwerbsarbeit nachgehen können, brauchen sie Zugang zur beruflichen Bildung und zu Krediten sowie die Unterstützung bei der Vermarktung ihrer Erzeugnisse.

Beispielgebend ist hier das Projekt „Städtische Kleinstunternehmerinnen im informellen Sektor" in Kolumbien. Ziel des Vorhabens ist es, die ökonomische Leistungsfähigkeit der Kleinstbetriebe des informellen Sektors zu erhöhen und damit einen Beitrag zur Verbesserung der Lebensbedingungen insbesondere von Frauen zu leisten. Dies soll dadurch erreicht werden, daß der lokale Projektträger, die „Stiftung Women's World Banking, Cali", zu einem effizienten Kreditvermittler qualifiziert wird, der vor allem den von Frauen geführten Kleinstbetrieben des informellen Sektors offen steht. Die Stiftung wird im Rahmen des Vorhabens durch Managementberatung und Ausbildungsmaßnahmen unterstützt. Außerdem werden Mittel bereitgestellt, aus denen Kredite an die Mitglieder finanziert werden.

Ziel der Entwicklungspolitik ist es, die Lebensbedingungen aller Menschen in den Entwicklungsländern zu verbessern. Dabei dürfen Frauen nicht Außenseiter bleiben. Wirtschaftliche und soziale Entwicklung ist ohne die Arbeit, die Fähigkeiten und das schöpferische Potential der Frauen nicht möglich. Ist es ihnen aufgrund ihrer traditionellen Stellung und ihrer Ausbildung verwehrt, ihre Interessen und Bedürfnisse ausreichend zu artikulieren, müssen eigenständige Organisations- und Sozialstrukturen von Frauen verstärkt werden. Dies soll ihre Beteiligung an Entscheidungen innerhalb ihrer Gesellschaften erhöhen. Zwischen der Bundesregierung und den Nichtregierungsorganisationen findet ein regelmäßiger Informations- und Erfahrungsaustausch über die Förderung von Frauen in den Entwicklungsländern statt.

In vielen Entwicklungsländern bedarf die Förderung von Frauen in besonderem Maße politischer und gesellschaftlicher Unterstützung. Diese kann nicht ohne eine Änderung der Rahmenbedingungen erreicht werden. Im Gespräch mit den Partnerländern muß daher immer wieder auf die Notwendigkeit hingewiesen werden, Benachteiligungen von Frauen abzubauen. Die deutsche Entwicklungspolitik will dazu beitragen, daß Frauen in den Entwicklungsländern den Männern rechtlich gleichgestellt werden und diese Rechte auch wahrnehmen. Nur dann besteht Aussicht darauf, daß die Frauen wirklich gleichberechtigt an der Entwicklung ihrer Länder teilnehmen können.

Verantwortung der Entwicklungsländer

„Die Landkarte des Hungers entspricht genau der Verbreitung falscher Ideologien." Dieser Satz des indischen Biologen und Agronomen Monkombu Sambasiwa Swaminathan, der als Vater der „grünen Revolution" bekannt wurde, bringt die Erfahrungen der entwicklungspolitischen Arbeit aus den letzten Jahrzehnten auf einen einfachen Nenner. Dort, wo man glaubte, sozialistischen oder anderen ideologisch eingefärbten Konzepten folgen zu müssen, führte dies nur zu Armut, Unterdrückung, Ausbeutung und dem Ruin ganzer Länder. Von der Natur reich gesegnete Staaten wie Algerien, Angola oder Burma können heute nicht einmal mehr ihre eigene Bevölkerung ernähren, während aus Singapur und Taiwan, den ehemaligen Armenhäusern Ostasiens, prosperierende Länder geworden sind.

Diese Beispiele zeigen, daß für die Entwicklung eines Landes entscheidend ist, welche internen Rahmenbedingungen es für sich festlegt. Entwicklung kann nicht von außen gemacht werden. Hilfe von außen kann nur dann wirksam sein, wenn unsere Partnerländer ihre Eigenverantwortung erkennen und wahrnehmen. Alle Bemühungen dürfen nicht darüber hinwegtäuschen, daß die zentrale Voraussetzung für Entwicklung in der Eigenanstrengung der Partner liegt. Die Wirksamkeit von Hilfsmaßnahmen hängt immer davon ab, ob ein Staat seinen Bürgern eine Ordnung vorgibt, die es den Menschen erlaubt, ihre schöpferischen Kräfte zu entfalten oder nicht. Zunächst sind es die Entwicklungsländer selbst, die für ihre Zukunft die Verantwortung tragen. Sie müssen den Weg bestimmen, den sie gehen wollen, und sie müssen ihn selbst gehen.

Ohne die Garantie grundlegender Freiheits- und Schutzrechte für das Individuum, ohne die Beteiligung der Bevölkerung an politischen Entscheidungen, ohne eine Ordnung, die die Würde des Menschen achtet und für Rechtssicherheit sorgt, findet die Selbsthilfetätigkeit der einzelnen Menschen keinen ausreichenden Raum zur Entfaltung. Damit aber fehlt eine wesentliche Voraussetzung für Entwicklung. Unsere Förderinstrumente können nur dort einen sinnvollen Beitrag zur Entwicklung leisten, wo die Ordnung in Politik, Wirtschaft und Gesellschaft eine nachhaltige Entwicklung zuläßt und sich die Partner durch einen geeigneten Einsatz der Ressourcen zur Entwicklung als Hauptaufgabe ihrer Politik bekennen. Auch noch so hohe Geldtransfers von den Industrie- in die Entwicklungsländer bleiben ohne Wirkung, wenn es in den Entwicklungsländern nicht zu einer Mobilisierung aller Kräfte und insbesondere des politischen Willens zur Herstellung eines entwicklungsfördernden politischen und wirtschaftlichen Rahmens kommt.

Behindern die internen Rahmenbedingungen den Entwicklungsprozeß, ist Hilfe von außen unwirksam

Die Lehren, die man aus dem ideologischen, politischen und wirtschaftlichen Bankrott des Kommunismus ziehen mußte, haben uns veranlaßt, Art, Umfang und Ausrichtung der deutschen Entwicklungspolitik an fünf wertbezogene Kriterien zu binden:

- Beachtung der Menschenrechte
- Beteiligung der Bevölkerung am politischen Prozeß
- Gewährung von Rechtssicherheit und Rechtsstaatlichkeit
- Schaffung einer marktfreundlichen Wirtschaftsordnung
- Entwicklungsorientierung staatlichen Handelns

Die Wiener Menschenrechtskonferenz im Juni 1993 ist ein Meilenstein für das Zusammenleben der Menschen in ihren Ländern, im Rahmen der Völkergemeinschaft und damit für uns alle in dieser einen Welt. Die Abschlußerklärung hat auf breiter Basis erneut die universelle Gültigkeit der Menschenrechte und die Verpflichtung aller Staaten, sie zu respektieren, bekräftigt. Bei aller kulturellen Verschiedenheit fordern wir in unserer Entwicklungszusammenarbeit für Grundsätze, die Ausdruck von Mindeststandards humanen Zusammenlebens sind, universelle Gültigkeit ein. Menschenrechte und Demokratie sind grundlegende Erfolgsvoraussetzungen einer Entwicklungsstrategie, die den Menschen in den Mittelpunkt stellt.

Die Teilhabe der Bevölkerung an politischen Entscheidungen bietet die Gewähr dafür, daß der Entwicklungsprozeß an den Interessen der Bevölkerungsmehrheit ausgerichtet ist. Ohne die Beteiligung der Bevölkerung am politischen Willensbildungs- und Entscheidungsprozeß sind erfolgreiche Reformprozesse auf Dauer unmöglich. Nur wenn wirkliche Teilhabemöglichkeiten gegeben sind und von der Bevölkerung angenommen werden, können die Qualität der Programme und die notwendige Akzeptanz oft schmerzhafter Reformeinschnitte für nachhaltige Entwicklung gesichert werden. Dazu ist es erforderlich, daß verfassungsrechtliche Modelle aus Deutschland oder anderen Industrieländern nicht einfach auf die Entwicklungsländer übertragen werden. Vielmehr geht es darum, die soziokulturellen Gegebenheiten zu achten.

Entwicklungsprozesse können gewachsene soziale Strukturen, Glaubens- und Verhaltensformen gefährden oder zerstören, ohne daß vergleichbare neue an ihre Stelle treten. Dies kann zu einer Entwurzelung der Menschen, zu Spannungen und Identitätskrisen führen. Zu den Aufgaben der entwicklungspolitischen Zusammenarbeit gehört es daher, möglichen negativen Folgen eines gemeinsam als notwendig erkannten Wandels entgegenzuwirken. Diesem Bemühen entspricht in der kulturpolitischen Zusammenarbeit die Förderung des kulturellen Selbstverständnisses und der Eigenständigkeit der Entwicklungsländer.

Trotz aller sozio-kulturellen und geschichtlichen Unterschiede ist es wichtig, daß die Mindestvoraussetzungen einer pluralistischen Ordnung verwirklicht sind. Hierzu gehören die grundlegenden Bürgerrechte wie freie und faire Wahlen, Vereinigungsfreiheit, das Recht auf freie Meinungsäußerung, Presse- und Informationsfreiheit, Religionsfreiheit sowie ein wirksamer Minderheitenschutz. Dies sind Prinzipien, die in den internationalen, auch von den Entwicklungsländern ratifizierten Menschenrechtskonventionen verankert sind. Die Beachtung der Menschenrechte ist nicht nur ein moralischer Imperativ, sondern unerläßlich, wenn eine Strategie, die den Menschen in den Mittelpunkt stellt, glaubwürdig sein soll.

Rechtssicherheit und Rechtsstaatlichkeit sind wichtige Voraussetzungen für den Aufbau einer funktionierenden Wirtschaft. Die Freiheit von Folter, die Gewährung grundlegender Rechte bei der Festnahme, die Unabhängigkeit der Justiz, die Verwirklichung des Grundsatzes „gleiches Recht für alle" sind grundlegende Elemente einer rechtsstaatlichen Ordnung. Rechtssicherheit erfordert allerdings mehr als die Wahrung von Individualrechten. Rechtssicherheit verlangt auch, daß staatliches Handeln transparent und berechenbar ist. Nur auf dieser Grundlage können sich wirtschaftliches Planen und Handeln rationell vollziehen und sich an den Spielregeln einer sozialen Marktwirtschaft ausrichten.

Privatwirtschaftliches Engagement bedarf nun einmal der Einklagbarkeit vertraglicher Rechte und Pflichten. Wenn viele Staaten der Welt ohne die von ihnen dringend erwünschten Auslandsinvestitionen auskommen müssen, dann liegt dies nicht zuletzt daran, daß Rechtsunsicherheit und Korruption ein finanzielles Engagement für jeden ausländischen Unternehmer zum unkalkulierbaren Risiko werden lassen.

Die Schaffung einer marktfreundlichen Wirtschaftsordnung ist die entscheidende Bedingung für die Beseitigung der Armut. Wo das Wettbewerbsprinzip beachtet wird, das Eigentum dem Schutz des Staates untersteht, wo sich die Preisfindung auf dem Markt vollzieht und Gewerbefreiheit herrscht, dort sind die Voraussetzungen für die freie Entfaltung des einzelnen auch im Wirtschaftsleben gegeben.

Entwicklungsorientierung schließlich bedeutet, daß die Regierungspolitik vorrangig darauf ausgerichtet sein muß, wirtschaftlichen und sozialen Fortschritt zur Verbesserung der Lage der Menschen zu fördern, die natürlichen Lebensgrundlagen zu erhalten und geeignete Maßnahmen zur Begrenzung des Bevölkerungswachstums zu ergreifen. Der wirtschaftliche und vor allem der soziale Fortschritt in den Entwicklungsländern hängt ganz erheblich davon ab, in welchem Maße der Staat und die Regierung sich ihrer Kernaufgaben annehmen und mit welcher Effizienz sie diese erfüllen. Der Staat muß sich darauf konzentrieren, ein Umfeld zu schaffen, in dem sich Handwerk, Kleingewerbe, Industrie, landwirtschaftliche Unternehmen und auch der informelle Sektor entfalten können, in dem neue Arbeitsplätze entstehen und in dem insgesamt alle wirtschaftlichen Aktivitäten vor allem auf der Grundlage privater Initiativen ausgerichtet werden.

Politische Reformen schaffen die Grundlage für eine nachhaltige wirtschaftliche und soziale Entwicklung

Diese Kriterien sollen unsere Hilfe nicht starr konditionieren. Es geht uns nicht darum, Hürden für unsere Partnerländer zu errichten. Wir wollen positive Entscheidungen der Regierungen in Richtung Reformen unterstützen und helfen gleichzeitig bei der Durchführung dieser Reformen. Die Erfahrungen zeigen allerdings, daß Regime, die die Menschenrechte systematisch grob mißachten, kaum in der Lage sind, dauerhafte Entwicklungsleistungen hervorzubringen. Werden in einem Land die Menschenrechte mit Füßen getreten, muß sich unsere Entwicklungszusammenarbeit auf Maßnahmen beschränken, die unmittelbare humanitäre, armutsbekämpfende oder umweltförderliche Wirkung haben. Das ist zum Beispiel in Nigeria der Fall. Hier findet Zusammenarbeit nur mehr in jenen Bereichen statt, die unmittelbar der Bevölkerung zugute kommen.

Entscheidend für unseren Entschluß, Hilfe zu leisten, ist in erster Linie der Reform- und Aufbauwille. Daher kommt es darauf an, die Tendenzen gesellschaftlicher Prozesse zu beurteilen. Nicht immer sind alle entwicklungspolitisch relevanten Kriterien gleichermaßen erfüllt. Soll es allerdings eine Grundlage für eine entwicklungspolitische Zusammenarbeit geben, so müssen wenigstens positive Ansätze für die erforderlichen politischen und wirtschaftlichen Reformen vorhanden sein. Zeigen sich Staaten trotz gewisser Defizite bei der Erfüllung der Kriterien willens, Reformen und Strukturanpassungen durchzuführen und entwicklungsfördernde Rahmenbedingungen herzustellen, sind wir auch bereit, ihre Anstrengungen zu fördern. Unsere Politik ist es nicht, Reformen einzuklagen, sondern unsere Partner aktiv zu unterstützen. Die Kriterien, die wir zur Voraussetzung für eine entwicklungspolitische Zusammenarbeit machen, bezeichnen daher zugleich auch die Felder, auf denen wir konkret helfen müssen.

Nehmen wir als Beispiel die Zusammenarbeit mit den afrikanischen Staaten. In immer mehr Staaten des südlichen Afrikas wurden die Grundlagen für einen demokratischen Entwicklungsprozeß gelegt. Zwar prägen Bürgerkriege, das Wüten menschenverachtender Despoten, Korruption, Menschenrechtsverletzungen jeder Art, die Unterdrückung von Minderheiten und die Zensurierung der Presse noch in allzu vielen Ländern das politische Leben. Dennoch gibt es Grund zur Hoffnung. Das Instrument der Nationalkonferenz oder der Akzeptanz von Opposition hat bei allen Rückschlägen in einigen Staaten Afrikas zu einer neuen politischen Kultur geführt. Dies kann für die weitere Entwicklung wegweisend sein, und diese Ansätze unterstützen wir in unserer Entwicklungszusammenarbeit.

Wir müssen alle Möglichkeiten nützen, um in der Gesellschaft und bei den Behörden das Verständnis für die Würde des Menschen und die Beachtung seiner Rechte zu vertiefen. Daher fördern wir Ausbildungszentren und andere Bildungsprogramme, die den Menschenrechtsgedanken in Afrika weiter verbreiten. In Niger und Ruanda zum Beispiel unterstützen wir ein Rechtsberatungsprogramm, um bei Angehörigen von Polizei und Justizorganen das Verständnis für rechtsstaatliche Grundsätze und Verfahren zu stärken.

In Namibia haben wir bei der Ausarbeitung einer neuen Verfassung geholfen. Das Land zeigt sich nach seiner Unabhängigkeit sehr bemüht um die Erfüllung der Kriterien für eine erfolgversprechende entwicklungspolitische Zusammenarbeit. Die Menschenrechte werden weitgehend gewahrt. Rechtsstaatlichkeit und Rechtssicherheit werden angestrebt, und das Bekenntnis zu marktwirtschaftlichen Prinzipien sorgt dafür, daß privater Initiative Raum gegeben wird.

Um die Demokratie in den vorwiegend ländlich geprägten Staaten Afrikas zu fördern, kommt es vor allem darauf an, die politischen Entwicklungsmöglichkeiten der Regionen zu stärken. Jüngste Wahlen in afrikanischen Staaten waren vielfach durch eine relativ geringe Wahlbeteiligung in ländlichen Gebieten gekennzeichnet. Mängel in der physischen und organisatorischen Infrastruktur können dies nur teilweise erklären. Vielmehr deuten die Berichte zahlreicher Wahlbeobachter darauf hin, daß gerade in ländlichen Gebieten bei der Schaffung neuer formaler demokratischer Institutionen politische Traditionen übergangen wurden. Die Beteiligung der Bevölkerung am politischen Entscheidungsprozeß darf sich aber nicht nur auf die Städte beschränken.

Die Förderung eines demokratischen Staatsaufbaus von unten, von der lokalen Ebene her, ist von großer Bedeutung für die Entwicklung der Demokratie. Darüber hinaus erfordert gelebte Demokratie gleichzeitig die Stärkung gesellschaftlicher Gruppierungen wie Arbeitgeberverbände, Gewerkschaften, Selbsthilfeorganisationen und Interessenverbände, in denen die Menschen ihre Interessen artikulieren und gegenüber staatlichen Institutionen vetreten können. Diese zu fördern, ist vor allem für die Nichtregierungsorganisationen der Industrieländer – nicht zuletzt für unsere politischen Stiftungen – eine wichtige Aufgabe. Sie tragen damit zur Belebung des gesellschaftlichen Lebens in den Entwicklungsländern bei, wecken die Eigeninitiative der Menschen und stärken die Beteiligung der Bürger an politischen Entscheidungen. Ihre Aktivitäten setzen jedoch die Gewährleistung von Rechtssicherheit und die Anerkennung staatlicher Autorität voraus.

Wirtschaftliche Zusammenarbeit stärkt die Entwicklungsländer bei ihren Aufbaubestrebungen

Von großer Bedeutung für ihre wirtschaftliche Stabilität und Entwicklung ist jedoch, daß die Entwicklungsländer nicht nur eingleisig auf die Industrieländer schauen, sondern verstärkt miteinander zusammenarbeiten. Die politische und wirtschaftliche Fragmentierung der Entwicklungsländer stellt ein entscheidendes Entwicklungshindernis dar. Bemühungen um vermehrte wirtschaftliche Integration erschöpften sich in der Vergangenheit leider vor allem in der Gründung einer Vielzahl von relativ erfolglosen Regionalorganisationen. Widersprüchliche Zielsetzungen, unzureichende Abstimmung mit rationalen Entwicklungsstrategien, kopflastige Organisationen und allgemeine Unfähigkeit waren für die meisten von ihnen kennzeichnend. Die Schaffung wirkungsvoller Kooperationsmechanismen aber bildet einen unentbehrlichen Bestandteil eines entwicklungsorientierten Lösungsansatzes.

Die Entwicklungsländer müssen Konsequenzen daraus ziehen, daß mit der Nordamerikanischen Freihandelszone North American Free Trade Agreement (NAFTA), dem Europäischen Wirtschaftsraum, der Europäischen Union sowie der wirtschaftspolitisch wachsenden Zusammenarbeit der asiatischen Staaten Thailand, Indonesien, Malaysia, Singapur, Brunei und Philippinen im Rahmen der Association of South East Asian Nations (ASEAN) veränderte weltwirtschaftliche Rahmenbedingungen entstanden sind. Mit der Tendenz zu verstärkter Zusammenarbeit in regionalen Organisationen wie der Southern African Development Community (SADC) oder der süd- und ostafrikanischen Preferential Trade Area (PTA) und der Gründung eines gemeinsamen Marktes unter dem Namen Common Market of Eastern and Southern Africa (COMESA) sind politische Signale für einen neuen Anfang in der regionalen Zusammenarbeit auch in Afrika gesetzt worden. Diese Ansätze unterstützen wir.

Deutschland hat die Förderung regionaler Zusammenschlüsse zu einem Eckstein seiner Entwicklungspolitik gemacht. Es richtet seine Entwicklungszusammenarbeit mit allen Ländern gerade auch im südlichen Afrika darauf aus, Integrationsprozesse zu fördern. Ein wirksames Förderinstrument stellt die Unterstützung grenzüberschreitender Projekte dar. So förderte Deutschland etwa die Errichtung des Manantali-Staudamms. Initiiert wurde das Projekt von der Organisation pour la Mise en Valeur du Fleuve Sénégal (OMVS), einer von Mali, Mauretanien und Senegal gegründeten Regionalinstitution zur Wasserbewirtschaftung des Senegalflusses. Es dient der Sicherung der Energieversorgung aus umweltfreundlichen Quellen, der Schaffung von Arbeitsplätzen im landwirtschaftlichen und außerlandwirtschaftlichen Bereich sowie der Ernährungssicherung in der Region. Zugleich konnte die Zusammenarbeit in der OMVS auch als wirtschaftliche und politische Klammer zwischen

Mali, Mauretanien und Senegal einen erheblichen Beitrag zur Friedenserhaltung in der Sahelzone leisten. Daran wird deutlich, daß regionale Zusammenarbeit nicht nur für die wirtschaftliche Entwicklung von Bedeutung ist, sondern auch ein Instrument zur kollektiven Sicherung des Friedens darstellt. Wenn der Integrationsprozeß Erfolg hat, wird damit langfristig auch eine Angleichung der politischen Systeme und Institutionen einhergehen.

Marktwirtschaftliche Strukturen sind die Grundlagen einer Entwicklung aus eigener Kraft

Im wirtschaftlichen Bereich steht die Schaffung marktwirtschaftlicher Strukturen im Vordergrund. Viele Entwicklungsländer befinden sich derzeit in einer Phase wirtschaftlicher Neuorientierung. Sie haben grundlegende Reformen der Wirtschafts- und Finanzpolitik eingeleitet und die Bedeutung der rechtlichen und institutionellen Rahmenbedingungen anerkannt. Die Reformen konzentrieren sich vor allem auf die Beschränkung und Dezentralisierung staatlicher Aufgaben. Sie folgen dem Ziel, mehr Freiheit für den einzelnen und mehr Markt für die Teilnehmer des Wirtschaftslebens zu schaffen. In Afrika etwa führten einige Länder selbst unter ungünstigen politischen und wirtschaftlichen Bedingungen Strukturanpassungsprogramme durch. Es gelang ihnen, das Wirtschaftswachstum anzukurbeln, die Inflation zu begrenzen, die Ausfuhren zu beleben und damit den Fall ins Bodenlose aufzuhalten, der angesichts der Entwicklung in den achtziger Jahren befürchtet werden mußte.

Noch weitaus besser stehen die Chancen in Lateinamerika. Diese Staaten befinden sich nach einer Phase des politischen Umbruchs, in dessen Verlauf sie nahezu alle zu demokratischen, parlamentarischen Regierungsformen zurückkehrten, in einer wirtschaftspolitischen Neuorientierung. Ihre tragenden Prinzipien sind eine Stärkung der Marktkräfte, der Aufbau eines leistungsfähigen Staates und eine intensivere Weltmarktverflechtung. Noch bedürfen die staatlichen Strukturen überall einer Neugestaltung. Die Stichworte dazu sind: Entbürokratisierung, Verwaltungsreform und Dezentralisierung. Auch ist der privatwirtschaftliche Sektor in weiten Bereichen unnötiger staatlicher Regulierung und zu wenig den Regeln des Marktes ausgesetzt. Aber Schwellenländer wie Brasilien, Mexiko, Argentinien, Venezuela und Chile verfügen über ein bedeutendes Entwicklungspotential und können mit Hilfe von Strukturanpassungsprogrammen die internen und externen Probleme aus eigener Kraft lösen. Die Bundesregierung unterstützt die Durchführung solcher Programme und steht den Partnerregierungen beratend zur Seite.

Vor denselben Aufgaben wie die Entwicklungsländer befinden sich auch die Staaten Mittel-, Ost- und Südosteuropas sowie die Staaten auf dem Gebiet der ehemaligen Sowjetunion. Sei es die Abschaffung patrimonialer Klientelsysteme und die Entwicklung einer bürgerlichen Gesellschaft wie in Afrika oder die Ablösung staatskapitalistischer Strukturen durch eine in den Weltmarkt eingebundene Marktwirtschaft wie in Lateinamerika oder eben die umfassende demokratisch-marktwirtschaftliche Umgestaltung wie im Osten: die Schwierigkeiten und sozialen Härten, die die Länder zu überwinden haben, sind dieselben. Unabhängig von der formalen Klassifizierung als Entwicklungsland weisen die Transformationsprobleme in den Ländern des Ostens mit den Entwicklungsproblemen in den Ländern des Südens einen hohen Grad an Ähnlichkeit auf.

Wohlstand, Freiheit und Demokratie haben nicht, wie von vielen erhofft, im Osten gleichsam über Nacht das Erbe des Kommunismus angetreten. Stattdessen müssen Demokratie und Marktwirtschaft erst mühsam geschaffen werden, und vor allem die Nachfolgestaaten der Sowjetunion haben dabei wegen ihrer monolithischen Wirtschaftsstrukturen mit großen Problemen zu kämpfen. Die Bundesregierung unterstützt mit Hilfe ihres entwicklungspolitischen Instrumentariums den wirtschaftlichen und gesellschaftlichen Reformprozeß in diesen Staaten. Unser Ziel ist es, den Ländern und ihrer Bevölkerung den schwierigen Transformationsprozeß zu erleichtern und ihnen zu ermöglichen, ihren Platz in der Gemeinschaft demokratischer, marktwirtschaftlich orientierter Gesellschaften einzunehmen.

Der Abbau staatlicher Reglementierungen, eine

konsequente Fortführung der Privatisierung sowie die Entwicklung eines funktionsfähigen Finanzsystems sind die wesentlichen Voraussetzungen für den Aufbau eines dynamischen, von unnötiger Bevormundung befreiten Privatsektors. Ohne sie ist es unmöglich, die private Investitionstätigkeit zu aktivieren und eine höhere Ersparnisbildung zu erreichen. Ausländische Direktinvestitionen sind auch aus entwicklungspolitischer Sicht die sinnvollste und wirksamste Quelle externer Ersparnisse für die Entwicklungsländer, zumal mit ihnen die Übertragung technischer Managementerfahrung und technischen Know-hows sowie der Zugang zu neuen Märkten verbunden ist.

Die Bundesregierung unterstützt die privatwirtschaftliche Zusammenarbeit mit den Entwicklungsländern durch vielfältige Maßnahmen. Über ein Förderprogramm unterstützt sie die partnerschaftliche Zusammenarbeit zwischen deutschen Handwerkskammern, Industrie- und Handelskammern sowie Wirtschaftsorganen und Selbsthilfeeinrichtungen des Handwerks, der Klein- und Mittelindustrie sowie von Handel und Dienstleistungen in Entwicklungsländern. Auf diese Weise werden die wirtschaftlichen Handlungsspielräume von privaten Unternehmen erweitert, Arbeitsplätze erhalten oder geschaffen und die Produktion verbessert.

Darüber hinaus erleichtert ein Netz von Investitionsförderverträgen, das ständig erweitert wird und in völkerrechtlich verbindlicher Weise die Grundbedingungen für einen privatwirtschaftlichen Einsatz bundesdeutscher Investoren schafft, deutsche Privatinvestitionen. Anreize bieten zudem Bundesgarantien für Kapitalanlagen, die Investoren gegen politische Risiken absichern, sowie die mit einer Anzahl von Entwicklungsländern abgeschlossenen Doppelbesteuerungsabkommen. Ferner fördert die bundeseigene Deutsche Investitions- und Entwicklungsgesellschaft (DEG) partnerschaftliche Unternehmenskooperationen in Schwellen- und Entwicklungsländern. Sie führt Unternehmen aus Deutschland oder aus anderen Industrieländern, die an einer Zusammenarbeit interessiert sind, mit Unternehmen aus Entwicklungsländern in konkreten Projekten zusammen. Sie berät Joint-Venture-Partner bei der Planung, Vorbereitung und Realisierung ihrer gemeinsamen Projekte, gewährt langfristige Darlehen an Projektgesellschaften in Entwicklungsländern und beteiligt sich am Gesellschaftskapital von Mischunternehmungen in Entwicklungsländern.

Die Reduzierung der Militärausgaben setzt Kapital für Investitionen in den Menschen frei

Entwicklungsorientierung staatlichen Handelns bedeutet schließlich auch, daß die Entwicklungsländer eigene Mittel für entwicklungsfördernde Maßnahmen bereitstellen. Dies wird in vielen Ländern nicht ohne eine Reduzierung überzogener Rüstungsausgaben zu erreichen sein. Wie der Human-Development-Report 1993 feststellt, könnten nahezu hundert Milliarden Dollar freigesetzt werden, wenn die Entwicklungsländer ihre Rüstungsausgaben im kommenden Jahrzehnt auf dem Niveau des Jahres 1990 einfrören.

Gute Politik muß den Aufwand für alle Staatsaufgaben in ein vernünftiges Verhältnis bringen. Die Beschränkung der Rüstungsausgaben auf das zur Wahrung der legitimen Sicherheitsinteressen eines Landes notwendige Maß ist daher ein wesentliches Kriterium für unsere Entwicklungszusammenarbeit. Wir analysieren die Rüstungs- und Sicherheitspolitik unserer Partnerländer und richten unsere Entwicklungszusammenarbeit mit daran aus. Dabei legen wird nicht nur quantitative Maßstäbe an, wie den jeweiligen Anteil der Militärausgaben am Bruttosozialprodukt oder ihr Verhältnis zu den Aufwendungen für Gesundheit und Bildung. Berücksichtigt werden auch qualitative Faktoren wie externe Bedrohung, die politische und gesellschaftliche Rolle des Militärs sowie die sicherheitspolitischen Doktrinen eines Staates.

Ausschlaggebend für die Beurteilung der Rüstungspolitik eines Landes ist nicht der aktuelle Stand, sondern die Tendenz der Rüstungsausgaben und der sicherheitspolitischen Positionen über einen gewissen Zeitraum hinweg. Zeigen unsere Partnerländer die Bereitschaft, überzogene Rüstungsausgaben abzubauen, so bieten wir ihnen Demobilisierungs- und Demilitarisierungshilfen an. In Uganda, Äthiopien, Nicaragua, El Salvador und Mosambik zum Beispiel unterstützen wir mit gezielten Arbeitsplatzbeschaffungsmaßnahmen, Ausbildungsprogrammen und Kleingewerbeförderung die Demilitarisierung und Eingliederung ehemaliger Soldaten.

Militärausgaben entziehen der Entwicklung nicht nur dringend benötigtes Kapital und menschliche Ressourcen, sondern die Erfahrung zeigt, daß auch Hochrüstung gerade das Gegenteil von Sicherheit, nämlich militärische Auseinandersetzungen und damit Unsicherheit, Zerstörung, Flüchtlingselend und wiederum neue Entwicklungsrückschläge produziert. Afghanistan, Somalia, Sudan und Liberia sind beredte Beispiele dafür, wie Entwicklungssubventionen der Gebergemeinschaft durch militärische Auseinandersetzungen zunichte gemacht werden. Zugleich erzwangen diese Auseinandersetzungen weitere Ausgaben der Industrieländer für friedensbewahrende und friedensschaffende Maßnahmen der Vereinten Nationen sowie für Sonderleistungen zur Kriegsfolgenbeseitigung. Wiederaufbauleistungen und humanitäre Hilfe im Konfliktfall beanspruchen Geld und Einsatzkraft, die dadurch der Entwicklungszusammenarbeit fehlen.

Entwicklung ist ein schwieriger und langwieriger Prozeß. Wir können ihn von außen anstoßen, aber wir können ihn nicht von außen vollziehen. Zusammenarbeit setzt voraus, daß beide Partner dasselbe Ziel verfolgen. Ziel der Entwicklungszusammenarbeit ist es, die Lebensbedingungen der Bevölkerung langfristig und nachhaltig zu verbessern. Sind unsere Partnerländer nicht bereit, ihre Anstrengungen auf dieses Ziel zu richten, ist Entwicklungszusammenarbeit nicht möglich. Eine der größten Herausforderungen und zugleich eine einmalige Chance nach dem Bankrott des Kommunismus ist es daher, daß unsere Partner sich dieses Ziel der Verbesserung der Lebensbedingungen zu eigen machen und die dafür erforderlichen entwicklungsfördernden Rahmenbedingungen schaffen. Letztlich liegt es in unserem eigenen Interesse, allen Menschen auf dieser einen Welt ein menschenwürdiges Dasein zu ermöglichen, denn auch die Zukunft unseres eigenen Landes können wir nur im Zusammenwirken mit den Industrie- und Entwicklungsländern sichern.

Verantwortung der Industriestaaten

Entwicklungszusammenarbeit erschöpft sich nicht nur in der Zusammenarbeit zwischen den Industrieländern und den Entwicklungsländern. Auch die Industriestaaten müssen stärker miteinander kooperieren und ihre Entwicklungspolitik aufeinander abstimmen. Um der Globalität und Komplexität der Entwicklungsprobleme gerecht zu werden, müssen alle Geber gemeinsam an einem Strang ziehen. Je mehr unter den Gebern Einigkeit über die Zielsetzung besteht, die Bereitschaft vorhanden ist, Maßnahmen miteinander zu koordinieren und das Drängen auf entwicklungsfördernde Rahmenbedingungen keine einseitige Forderung darstellt, desto wirksamer kann Entwicklungszusammenarbeit gestaltet werden.

Alle Appelle an die Entwicklungsländer, im nationalen Bereich die notwendigen Rahmenbedingungen zu setzen und alle Versuche, sie in die Weltwirtschaft zu integrieren, sind zum Scheitern verurteilt und bleiben unglaubwürdig, wenn die Industrieländer nicht ihrerseits die entsprechenden weltwirtschaftlichen Rahmenbedingungen schaffen, die es den Entwicklungsländern ermöglichen, ihre Produkte im internationalen Handel zu verkaufen. Internationale Wirtschaftsbeziehungen sind für die Entwicklung eines Landes unerläßlich.

Die Öffnung der Weltmärkte stellt eine der wichtigsten Aufgaben der internationalen Entwicklungszusammenarbeit dar. Nur wenn grundsätzlich alle Waren der Entwicklungsländer und nicht nur deren Rohstoffe Zugang zu den Märkten der Industrieländer haben, erhalten die Entwicklungsländer die dringend benötigten Devisen, die sie zum Abbau ihrer Schulden und zur weiteren Entwicklung verwenden können. Ohne die Schaffung offener Märkte für die Exportprodukte werden die Eigenanstrengungen der Entwicklungsländer zunichte gemacht.

Die Hauptverantwortung für ein offenes Welthandelssystem liegt bei den Industriestaaten. Sowohl politische wie ökonomische Weitsicht als auch Fairness im Umgang miteinander gebieten es, daß wir die Entwicklungsländer nicht bloß als Absatzmärkte für unsere Produkte betrachten. Die westlichen Industrieländer verdanken ihren Reichtum der Marktwirtschaft und dem freien Welthandel. Sie dürfen den Ländern, die sich auf dem Weg zu Demokratie und Marktwirtschaft befinden, nicht verwehren, was sie selbst zu ihrem eigenen Vorteil nutzen. Wenn wir die zunehmende Wettbewerbsfähigkeit der Entwicklungsländer mit zunehmendem Protektionismus beantworten, konterkarieren wir unsere eigene Politik. Es ist geradezu grotesk, daß die jährlichen Einnahmeverluste der Entwicklungsländer durch Protektionismus der Industrieländer nach den Schätzungen der Weltbank derzeit doppelt so hoch sind wie die Summe der weltweit geleisteten offiziellen Entwicklungszusammenarbeit pro Jahr.

Deutschland wird sich daher weiter für einen freien Welthandel einsetzen, auch wenn dies für einzelne Länder oder Bevölkerungsgruppen kurzfristig zu schmerzlichen Eingriffen führt. Insbesondere geht es darum, die Märkte der Industrieländer für Fertigwaren aus Entwicklungsländern offenzuhalten und Handelshemmnisse abzubauen. Die Gesamtheit der nationalen Politiken der Industrieländer muß in zunehmendem Maße mit den Programmen und Zielen der Entwicklungspolitik abgestimmt werden. Der Abschluß der Uruguay-Runde im Rahmen des GATT war hierfür von besonderer Bedeutung und zugleich ein kritischer Test für unsere Fähigkeit und unseren Willen, global zu denken und global zu handeln.

Der 1986 begonnenen und nun zum Abschluß gebrachten Uruguay-Runde im Rahmen des GATT kommt für die Entwicklungsländer vor allem deshalb entscheidende Bedeutung bei, weil sie akute Probleme des Welthandels aufgegriffen hat, die in früheren GATT-Runden ausgeklammert waren oder nicht gelöst werden konnten. Hierzu gehören der weitere Abbau protektionistischer Maßnahmen, die Liberalisierung des weltweiten Agrarhandels sowie die Schaffung eines dem GATT vergleichbaren Ordnungsrahmens für den Handel mit Dienstleistungen. Der erfolgreiche Abschluß der GATT-Verhandlungen bedeutet für die Entwicklungsländer einen wesentlichen Auftrieb, in ihrem Reformkurs fortzufahren. Mit der nachhaltigen Öffnung der Märkte für ihre Erzeugnisse ist eine der Hauptvoraussetzungen für die Lösung ihrer Verschuldungsprobleme geschaffen worden.

Die Industrieländer dürfen sich nicht durch Handelshemmnisse von den Entwicklungsländern abschotten

Den Entwicklungsländern gegenüber eine offene Handelspolitik zu betreiben, ist auch die wichtigste entwicklungspolitische Herausforderung an die Europäische Union. Kernstück der von der Europäischen Union betriebenen entwicklungspolitischen Zusammenarbeit bilden die Abkommen von Lomé, benannt nach der Hauptstadt des westafrikanischen Staates Togo, in der 1975 das erste der insgesamt vier Abkommen unterzeichnet wurde.

Diesem Vertragssystem gehören heute außer den zwölf Staaten der Europäischen Union 69 Staaten Afrikas, der Karibik und des Pazifik (AKP) an. Es regelt in völkerrechtlich verbindlicher und partnerschaftlicher Form die bisher umfassendste Zusammenarbeit zwischen Industrie- und Entwicklungsländern. Die Lomé-Abkommen haben einen weit über ihren geographischen Rahmen hinausweisenden Modellcharakter, da sie über Finanzierungsfragen hinaus auch weitere Aspekte der Beziehungen bestimmen. So ist beispielsweise vereinbart, daß alle Industrieprodukte der AKP-Staaten freien Zugang zu den Märkten der EU-Mitglieder haben. Für landwirtschaftliche Erzeugnisse gibt es Zugangserleichterungen. Außerdem werden Vereinbarungen getroffen, die den AKP-Staaten feste Einnahmen aus dem Verkauf ihrer Grund- und Rohstoffe sichern sollen.

Auf diesem Wege muß die Europäische Union weiter voranschreiten. Der Vertrag von Maastricht eröffnet den Zwölf die Möglichkeit, eine gemeinsame Politik gegenüber den Entwicklungsländern zu formulieren, denn durch Maastricht erhält die Entwicklungspolitik auch rechtlich den Status einer Gemeinschaftsaufgabe, die subsidiär zu den nationalen Entwicklungsperspektiven der Entwicklungsstaaten hinzutritt. Darum dürfen in Zukunft entwicklungspolitische Belange nicht mehr hinter handels-, agrar- oder außenpolitischen Interessen zurücktreten.

Die Bundesregierung wendet sich mit Nachdruck gegen alle Versuche, den europäischen Markt mit neuen tarifären und nichttarifären Handelshemmnissen nach außen abzuschotten. Die umstrittene EWG-Bananenregelung bedeutete nicht nur einen schweren Schlag für den freien Welthandel, sie ist auch aus entwicklungspolitischer Sicht unsinnig. Den lateinamerikanischen bananenexportierenden Staaten wird damit die Möglichkeit genommen, einen Großteil ihres Ausfuhrpotentials an den Kunden zu bringen. Das trifft die dortigen Volkswirtschaften gravierend. Gleichzeitig erschwert es unsere Bemühungen, den Drogenanbau in Lateinamerika durch andere Landwirtschaftsformen wie auch den Bananenanbau zu bekämpfen. Gerade die Drogenbekämpfung sollte zusammen mit der Nahrungsmittelhilfe, der Flüchtlingsnothilfe, dem Umweltschutz und der Aids-Bekämpfung jenen Bereich darstellen, in dem die Mitglieder der Europäischen Union verstärkt zusammenarbeiten und sowohl bei den Verfahren wie bei der Umsetzung von Kriterien zu mehr Einheitlichkeit finden.

Die Entwicklungspolitik muß die Berücksichtigung ihrer Ziele von allen Politikbereichen einfordern

Aber auch im Inland müssen die einzelnen Politikbereiche stärker auf die Belange der Entwicklungspolitik ausgerichtet werden. Deutschland kann nur erfolgreich an der Lösung der Weltprobleme mitarbeiten, wenn wir eine Politik nach außen in einem Guß schaffen. Das heißt, wir brauchen eine stärkere Zusammenarbeit und Einbindung der einzelnen Ressorts in Fragen der Entwicklungspolitik. Beispielgebend ist hier die Zusammenarbeit zwischen dem Bundesministerium für wirtschaftliche Zusammenarbeit und Entwicklung und dem Bundesministerium für Forschung und Technologie bei der Förderung erneuerbarer Energiequellen in den Entwicklungsländern.

Darüber hinaus muß die Entwicklungspolitik darauf hinwirken, daß auch in den anderen Politikbereichen wie der Außen-, Sicherheits-, Wirtschafts-,

Handels-, Finanz- und Landwirtschaftspolitik entwicklungspolitische Belange berücksichtigt werden. Es darf nicht geschehen, daß die Entwicklungsanstrengungen durch die Einwirkungen anderer Politikbereiche Schaden erleiden. In diesem Sinne müssen insbesondere die Subventionen für den Agrarhandel weiter abgebaut werden. Zugleich bedarf jedoch auch der Zufluß privaten Kapitals in die Entwicklungsländer weiterer Unterstützung. Private Direktinvestitionen in den Entwicklungsländern zu fördern, ist eine Aufgabe, die auch von der Wirtschaftspolitik wahrgenommen werden muß.

Hierzu gehört nicht zuletzt die Schaffung einer wirksamen Schuldenstrategie. Gerade die am wenigsten entwickelten Länder stehen unter einer geradezu erdrückenden Schuldenlast. Nicht immer sind Umschuldungen ein aussichtsreicher Weg. Bundesfinanzminister Theo Waigel läßt sich daher in besonders schwierigen Fällen von der Erkenntnis leiten, daß mit der Gewährung von Schuldenerlässen ein Neustart in Entwicklungsländern schneller und besser gewährleistet werden kann. Voraussetzung für das Zustandekommen von Schuldenerlässen ist jedoch die grundsätzliche Bereitschaft des Schuldnerlandes, Reformen und Anpassungsprogramme durchzuführen. Denn in erster Linie bleibt es Aufgabe der Entwicklungsländer selbst, ihr Volkswirtschaften in Ordnung zu bringen und durch eine vernünftige Politik ihre Kreditwürdigkeit wieder herzustellen, um bei ausländischen Gläubigern und Investoren Vertrauen zu schaffen.

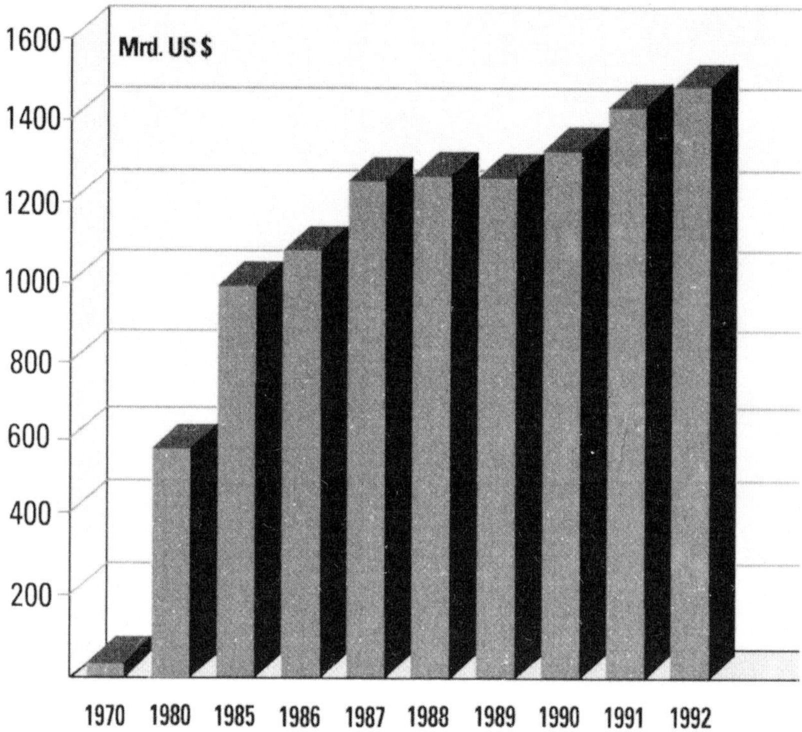

Die Schuldenproblematik der Entwicklungsländer stellt auch in den neunziger Jahren eine große wirtschaftliche und politische Herausforderung dar. Die Graphik zeigt zwar, daß sich die Auslandsverschuldung vieler Entwicklungsländer nach einem raschen Anstieg zu Beginn der achtziger Jahre seit 1987 weitgehend stabilisiert hat, aber ein Abbau der Schuldenlast erfordert Anstrengungen der Gläubiger- und der Schuldnerländer.

Entwicklungszusammenarbeit ist eine internationale Aufgabe von herausragender Bedeutung. Sie geht alle Länder und alle Politiken an. Gelingen kann sie nur, wenn jeder seinen Teil der Verantwortung übernimmt, die Entwicklungsländer und die

Industriestaaten. In einer Zeit, da uns die globalen Aufgaben immer stärker zu gemeinsamem Handeln drängen, wird es daher ständig wichtiger, sich zwischen den Kulturen und Gesellschaftsordnungen auf gemeinsame Konzeptionen und Wertgrundlagen zu verständigen. Um Herausforderungen wie Armut, Umweltzerstörung, Analphabetismus und Bevölkerungswachstum zu lösen, brauchen wir tragfähige grenzüberschreitende Problemlösungen, die nur zu finden sind, wenn alle Beteiligten sich den Problemen zuwenden und zur Kooperation bereit sind. Entwicklungsländer und Industriestaaten müssen mit ihren politischen Entscheidungen die Grundlage dafür schaffen, daß Hilfe und Zusammenarbeit auf fruchtbaren Boden fallen.

Seit 1960 hat sich das durchschnittliche Pro-Kopf-Einkommen der Welt etwa verdoppelt, und das obwohl auch die Weltbevölkerungszahl um ungefähr hundert Prozent angestiegen ist. Im gleichen Zeitraum hat sich die mittlere Lebenserwartung weltweit von 42 auf über sechzig Jahre erhöht. Außerdem ist es gelungen, die Kindersterblichkeit um die Hälfte zu senken und heutzutage etwa 94 Prozent der Kinder einzuschulen. Dies bedeutet, daß sich die Zahl der Schulanfänger eines Jahrgangs in den letzten 25 Jahren verdoppelt hat. Nicht hoch genug eingeschätzt werden kann schließlich, daß viele bevölkerungsstarke Länder wie Indien, China, Indonesien oder Pakistan inzwischen in der Lage sind, ausreichend Grundnahrungsmittel für den eigenen Bedarf herzustellen. Aus Entwicklungsländern, insbesondere in Asien, sind neue Industrieländer geworden.

Das sind vor allem Erfolge eigener Anstrengungen, sie sind aber auch ein Verdienst der Entwicklungszusammenarbeit. Sie beweisen, daß hier und da anzutreffender Entwicklungspessimismus nicht gerechtfertigt ist. Wir dürfen uns von Rückschlägen nicht entmutigen lassen. Gewiß hat die Entwicklungspolitik in der Vergangenheit manche Fehler begangen und Mißerfolge hinnehmen müssen. Trotz großer Anstrengungen leben in Teilen der Welt nach wie vor Millionen von Menschen in bitterster Armut und in Furcht vor dem Hungertod. Nicht immer sind die bei der Planung eines Vorhabens erwarteten und erhofften Erfolge nach dessen Durchführung auch tatsächlich zu verzeichnen. Allzu oft gelingt es aufgrund der Komplexität der Probleme nicht, jenen Ansatz zu finden, der einen nachhaltigen Entwicklungsprozeß in Gang zu setzen vermag. Aber Fehler sind da, um daraus zu lernen, und viele Menschen machen sich zu wenig bewußt, daß Entwicklung ein schwieriger, langwieriger, mit kulturellem Wandel verbundener Prozeß ist. Entwicklungspolitik braucht, wie es unser Bundespräsident einmal ausgedrückt hat, die notwendige Geduld, die Bereitschaft und Fähigkeit, selbstkritisch dazuzulernen – und viel Mut.

„Man neigt heute dazu, alles als wertlos zu verwerfen, solange nicht optimale Bedingungen verwirklicht sind", schreibt die Genfer Philosophin Jeanne Hersch und nennt diese Einstellung unsinnig. „Wäre nämlich all das verwirklicht, was das Menschwerden begünstigt, so stünden wir am Ende der Geschichte. Und das Ende der Geschichte wäre auch das Ende des Menschen, denn sein Menschsein fußt in der Freiheit, und Freiheit existiert nicht, wo ein Endzustand, wo Vollkommenheit erreicht worden ist... Etwas als Mißstand, als Ungenügen zu empfinden, bedeutet ja, nach Besserem zu streben. Aber dieses Streben hört nie auf, solange man in der Welt bleibt." Noch vieles ist zu tun. Prozesse, die in den Industrieländern Jahrhunderte benötigten, sind in den Entwicklungsländern nicht von heute auf morgen zu vollenden. Wir müssen Geduld haben. Entwicklungszusammenarbeit braucht Zeit und einen langen Atem.

Um den Menschen in den Entwicklungsländern zu helfen, ihre Lebensbedingungen langfristig und nachhaltig zu verbessern, ist es mit finanziellen Zuwendungen oder industriellen Großprojekten nicht getan. Wir brauchen eine Entwicklungsstrategie, die den Menschen in den Mittelpunkt stellt und ihn befähigt, sein Schicksal selbst in die Hand zu nehmen. Investitionen in den Menschen, in seine Gesundheit, seine Bildung und seine schöpferischen Kräfte gehören daher zu den zentralen Aufgaben der Entwicklungszusammenarbeit. Auf dieser Grundlage gilt es, durch eine gezielte Strategie der Armutsbekämpfung den Teufelskreis aus Armut und Umweltzerstörung zu durchbrechen. Voraussetzung dafür aber ist, daß Entwicklungsfortschritte allen Menschen eines Landes zugute kommen und die

Bevölkerung daher ein gemeinsames Interesse daran entwickelt, ihre Ressourcen dauerhaft zu nutzen. Nur wenn der Entwicklungsprozeß von den Menschen selbst getragen wird, kann er langfristig und nachhaltig sein. Die Schaffung von Rahmenbedingungen, die den Menschen in den Entwicklungsländern am politischen Prozeß ihres Landes beteiligt, ist daher ein entscheidendes Kriterium, auf dessen Erfüllung wir bei allen unseren Hilfsleistungen bestehen.

Entwicklung ist möglich – für alle Länder, und es lohnt sich, weiter auf dieses Ziel hinzuarbeiten. Eine Entwicklungsstrategie, die auf der Grundlage geeigneter Rahmenbedingungen wirtschaftliches Wachstum mit Investitionen in den Menschen verbindet, könnte die Zahl der in Armut lebenden Personen bis zur Jahrtausendwende fühlbar verringern, und dies trotz eines noch immer zu hohen Bevölkerungswachstum. Die Reduzierung der absoluten Armut in den Entwicklungsländern ist nicht nur eine Hoffnung. Sie ist eine konkrete Möglichkeit, die Wirklichkeit werden zu lassen, unser aller Anliegen und Aufgabe sein muß. Es geht dabei auch um unsere Zukunft: Denn wir leben alle in der Einen Welt, und es kann nicht Wohlstand und Frieden geben für einen Teil dieser Welt, wenn der andere Teil in Not und Elend vegetiert. Deshalb ist Entwicklungspolitik eine Investition in unsere gemeinsame Zukunft. Sie ist Gestaltung der Welt von morgen, und jeder ist aufgerufen, daran mitzuwirken.

CARL-DIETER SPRANGER
Bundesminister für wirtschaftliche Zusammenarbeit und Entwicklung

	Geboren am 28. März 1939 in Leipzig, verheiratet, drei Kinder
1957	Abitur
	Studium der Rechts- und Wirtschaftswissenschaften
1962	Erste juristische Staatsprüfung
1966	Zweite juristische Staatsprüfung
1964–1967	Assistent an der Universität Erlangen-Nürnberg
1967	Gerichtsassessor
1968	Ernennung zum Staatsanwalt
1969	Ernennung zum Landgerichtsrat in Ansbach
1977	Zulassung zum Rechtsanwalt
1969–1976	Vorsitzender des CSU-Kreisverbandes Ansbach-Stadt
Seit 1977	Mitglied des Landesvorstandes der Christlich-Sozialen Union in Bayern
Seit 1989	Vorsitzender des CSU-Bezirksverbandes Mittelfranken
Seit 1972	Mitglied des Deutschen Bundestages
1972–1976	Mitglied der Planungsgruppe der CDU/CSU-Fraktion
1976–1980	Obmann der CDU/CSU-Fraktion im Innenausschuß

1980–1983	Mitglied des Vorstandes der CDU/CSU-Fraktion und Vorsitzender der Arbeitsgruppe Innenpolitik, Umwelt und Sport
1982–1991	Parlamentarischer Staatssekretär beim Bundesminister des Innern
Seit 1991	Bundesminister für wirtschaftliche Zusammenarbeit und Entwicklung

Namen- und Sachregister